KB193369

지적 대화를 위한

교양인의 클래식

지적 대화를 위한

교양인의 클래식

팬덤북스

The History of Classical Music For Beginners
Text © 2014 R. Ryan Endris
Illustration © 2014 Joe Lee
All rights reserved.
Original edition published by For Beginners LLC., USA
Korean translation rights arranged with For Beginners LLC., USA
and Fandom Books Korea through PLS Agency(Netpublic), Korea.
Korean edition right © 2019 Fandom Books, Korea.

CONTENTS

Ⅳ 드디어! 고전적인 '고전 음악'

Ⅴ 늘 달콤하기만 하지 않는 낭만의 시대

Ⅵ 유행을 거.부.한.다 : 20세기 음악

프롤로그

클래식 입문자를 위한 이 책은 삽화가 조 리와 나의 아이디어에서 나왔다. 소중한 친구인 조와 나는 인디애나주 블루밍턴에서 공부하면서 일하고 있을 때 만났다. 뉴욕에 있는 콜게이트 대학교의 음악 교수로 합류하기 전 우리는 역사적인 틈새를 채우기 위해 클래식 이야기를 자주 나누곤 했다. 조는 입문자들을 위한 클래식 책을 집필하면서 그림을 그리고 있었는데, 우리는 함께 이야기를 나누었던 그런 클래식 책에 더 갈망했다. 그래서 나와 팀이 되어서 이 책을 같이 작업을 해준 조에게 무한한 감사를 표한다.

클래식 입문자를 위한 〈지적 대화를 위한 교양인의 클래식〉은 독자들에게 복잡한 음악 이론, 혹은 수백 페이지에 달하는 아주 세부적인 음악사를 마스터하라고 강요하지 않는다. 단지, 아주 필수적인 상식들을 제공해준다. 누구나 이 책을 펴서 클래식 음악에 대해 알 수 있으며,

클래식 음악을 이해할 수 있다. 더 나아가 음악적인 지식이 아예 없는 사람이라도 아주 쉽게 이해할 수 있으며, 조금씩 클래식을 아는 척하는 수준도 될 것이다. 클래식 음악이 어떻게 쓰였는지를…. 하지만 음악의 기능적인 요소들은 가능한 제외시켰다. 또한 아주 필수적인 음악 용어들만 사용했으며, 사용하더라도 가급적 최소화했다.

사실, 1500년이 넘는 음악사를 다루는 것은 결코 만만하지 않았다. 음악양식과 작곡가 들을 추려가면서 책의 내용을 만들어가는 작업은 힘든 일이었다. 아마도 유명한 작곡가 차이코프스키 같은 들이 이 책에서 빠져 있다는 것을 눈치 차릴지도 모른다. 그럼에도 이 책은 클래식 음악의 기본적인 이해를 돕는 데 의미를 두고 집필되었다. 그래서 가급적 클래식의 역사에 지대한 영향을 남긴 음악가와 음악 양식 들을 중점으로 다루었다. 예를 들어, 오페라는 클래식 음악의 장르 가운데 하나이지만, 별도의 챕터를 마련해서 상세히 다루었다. 혹시나 오페라의 역사에 관심이 있는 독자들은 론 데이빗의 〈지적 대화를 위한 교양인의 오페라〉를 읽어보기를 권한다.

이 책을 읽는 동안에 당신의 구미를 확 당기는 작곡가나 음악, 혹은 음악 주제가 있다면 좀 더 찾아보고 읽어보는 것을 추천한다.

라이언 엔드리스

뉴욕, 해밀턴에서

I

고대와 중세시대의 음악

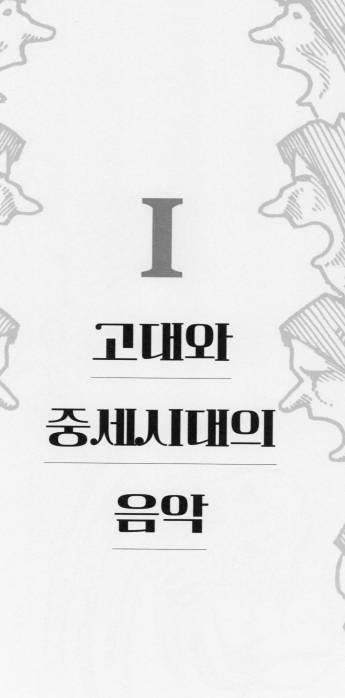

CHAPTER 1
고대 그리스 로마시대의 음악과 철학

사람들은 팔레스트리나, 바흐 그리고 모차르트의 음악을 '고전 음악'이라 생각한다. 하지만 최초의 악기는 무려 기원전 36,000년 전에 있었다. 오늘날 우리는 음악을 예술의 일부분이라 여긴다. 하지만 고대 그리스 사람들은 이것을 과학의 일부분으로 봤다. 사실, 음악은 천문학, 수사학, 그리고 수학 같은 가장 중요한 과목 중 하나로 꼽혔고, 다른 과목들과 같이 교육되었다. 고대 그리스 음악기원전 500년은 숫자와 수학적인 기능에 중점을 두었다. 예를 들어, 피타고라스는 단순한 수학적인 비율을 음악에서 완전4도4:3, 완전5도3:2, 완전8도2:1와 같은 완전음정을 정의하는 데 사용했다. 오늘날에도 여전히 완전음정 분

류법을 사용하고 있다.

피타고라스는 줄의 길이와 음이 서로 상관관계가 있다는 것을 발견하였는데, 그는 '우주의 음악' 혹은 '천상의 음악'을 제시하면서 이것은 행성과 태양 그리고 달이 궤도에 따라 소리를 낸다고 주장했다. 소리는 사람에게 느껴지지도 않으며, 들리지도 않은 천체에 의해 만들어지며, 지구에 있는 모든 생물체의 삶에 영향을 미친다는 점에 주목했다. 피타고라스는 플라톤의《국가》를 거론하면서, 음악과 천문학이 수학의 수와 수적 비율과 연관돼 있다고 생각한 것이다.

수숫자는 근본적으로 리듬과 음을 지배하기 때문에 음악은 질서정

연한 완전체의 부분적 통합을 반영한다. 그래서 음악은 철학과 사회의 영역에서 지향했던 질서의 규칙을 따른다. 초기 그리스 작가들은 음악이 한 인간의 기질, 혹은 존재나 행동에 영향을 미친다고 믿었다. 아리스토텔레스는《정치학》에서 특정의 감정 혹은 느낌의 음악은 청자들로 하여금 같은 감정과 느낌을 줄 수 있다고 설명했다. 이러한 생각은 피타고라스의 음악적인 관점에서 유래된 것이다. 음정과 리듬의 시스템은 보이는 세계와 보이지 않는 세계를 지배하는 수학적 규칙과 관련이 있다.

고대 그리스 철학자들은 인간의 영혼이 이러한 규칙적인 시스템에 따른 조화 속에서 지속되는 부분으로 구성되어 있다고 믿었다. 그래서 음악은 인간의 영혼에 스며드는 잠재력을 가지고 있는 것이다. 플라톤과 아리스토텔레스는 음악이 교육적으로 체육과 동등하다고 믿었다. 체육은 육체의 단련을 위한 훈련이라면, 음악은 정신과 마음을 위한 교육이었던 셈이다.

비록 이것이 누군가에게는 말도 안 되는

궤변으로 다가갔겠지만, 이러한 음악적 풍습은 오랜 시간 동안 사상의 한 축으로 존재했다. 바로크 시대에는, 작곡가들이 '정동설 doctrine of affections'을 규정했는데, 정동설은 슬픔, 기쁨, 분노, 사랑, 경이로움, 그리고 흥분과 같은 정서들이 인간 내면에 있는 영혼에서 발현된다는 이론이다. 이 당시 음악은 작곡가의 개인적인 감정을 표현하는 방법을 추구하기보다, 감정이라는 개념이 더 포괄적으로 곡에 녹아들 수 있도록 묘사하는 방법에 더 몰입했다. 게오르그 프리드리히 헨델의 '오라토리오'는 음악과 감정에 관한 고대 그리스와 현대적인 관점을 담고 있다. 이 오케스트라 합창곡은 페르시아의 페르세폴리스에서 열린 알렉산더 대왕과 그의 부인 타이스의 만찬을 묘사했다. 이 만찬에서, 음악가 티모테오스는 노래와 리라를 연주하며 알렉산더 대왕과 초청 손님들에게 다양한 감흥을 불러일으켰다. 티모테오스는 알렉산더 대왕이 전투 중에 전사한 그리스 병사들에 대한 보복으로 도시를 완전히 불타게 했던 사건을 묘사했던 것이다Chapter 15에서 헨델과 '오라토리오'에 관해 더 다룰 것이다 .

다시 고대 그리스로 돌아가자. 현재 그리스 음악은 아주 극소수의 작품만이 남아 있다. 그 이유는 이들 음악은 주로 기원전 400~500년에 창작된 것들인데, 이 당시에 음악을 기보악보에 음표를 작성하는 것 하는 이론이 제대로 정립되지 않았으며, 그리스 음악가들이 그들만의 음악적인 지식에 의존하여 연주했는데, 그 음악이 소리로만 전해졌거나 고쳐졌기 때문이다.

과거에는 오늘날 우리가 아는 음악 기보와는 다른 형태로 악보가 그려졌다. 오늘날까지 남아 있는 고대 그리스 음악은 〈세이킬로스Seikilos Epitaph 의 비문〉돌에 새겨진 악보와 가사이다 과 합창곡인 에우리피데스의 〈오레스테스Orestes 〉그리스 신화에 나오는 스파르타의 왕 이다. 잘 알다시피, 에우리피데스의 〈오레스테스〉는 그리스 비극을 대표하는 작품으로 오레스테스의 아버지인 아가멤논과 간통을 한 이유로 어머니를 죽인 오레스테스에 대한 자비를 신에게 구하는 아르고스의 한 여인에 관한 이야기를 담고 있다.

자, 우리가 고대 그리스 음악에 대해 약간이나마 안다고 하지만, 사실 고대 로마 음악에 대해서는 잘 모른다. 악기 사진과 음악에 관한 논문 들이 남아 있기는 하지만, 고대 로마시대에 쓰인 악보들은 단 한 장도 남아 있지 않다. 로마 사람들은 고대 그리스 음악에서 영향을 많이 받았다. 음악이 공적인 행사에서 아주 커다란 역할을 했으며, 기원전 1~2세기에 그리스 예술과 문화가 로마로 많이 유입되었다. 황제 네로를 포함한 많은 통치자들이 음악의 열렬한 후원자들이었다. 특히 황제 네로는 스스로 음악가라고 칭하면서 음악 콩쿠르에 참가할 정도로 열정적이었다. 하지만 안타깝게도 로마시대 음악이 음악사의 발전에 영향을 끼쳤다는 사실은 확인하기가 어렵다.

고대의 음악이 우리랑 아무리 거리가 멀다고 해도, 우리는 몇 가지 중요한 사실을 알고 있다. 우선 그 당시 음악은 주로 리듬과 가사을 많이 강조한 선율에 초점이 맞춰졌다. 한편 음악 기보가 체계적이지 않았으며, 음악가들이 암보악보를 외우는 것나 혹은 관습에 따른 이론에만 의지했다. 그리고 음악은 과학과 직접적으로 연관성을 갖고 있었다. 결론적으로, 음악이 우주의 본질로서 자연계와 인간사에 커다란 영향을 끼쳤다고 믿었던 피타고라스와 다른 철학자들에 의해 음악이론이 만들어졌다. 앞에서도 언급했듯, 고대 그리스 음악은 음악의 기초 발전에 상당하게 기여했다.

음, 전부
그리스어로
되어 있지만
몇 마디 정도는
흥얼거릴 수
있겠는걸.

CHAPTER 2

중세시대의 초기 교회 음악

중세시대를 주도했던 사회기관은 당연히 교회다. 교회의 역사는 중세 유럽의 역사와 떼려야 뗄 수 없는 관계를 가지고 있다. 중세음악의 특징은 교회를 기반으로 표기부터 다성음악의 시작과 발전했다고 해도 지나치지 않다. 교회음악은 중세시대에 중요한 역할을 하였기에 후손들에게 있어 가장 잘 보존된 형태로 전승된 음악이다. 기독교가 유대교의 한 종파로서 출발했기 때문에, 대부분의 교회음악은 유대교의 전통음악에서 유래했다.

대표적인 교회음악이 성경의 시편에 나오는 성가 혹은 찬송가를 부르는 것이다. 마찬가지로 영창성가은 유대교의 시너고그Synagogue, 유대

교 희당 에서 가장 흔히 나오는 것이고, 역시 기독교 교회에서 도 그레고리안 성가로 알려진 찬송가의 다양한 형태를 찾을 수 있다. 신학적인그리고 정치적인 분열은 의식, 예배식, 그리고 교회력의 다양한 형태로 나타났으며, 교회의 분열은 그레고리오, 비잔틴, 암브로시오 전례 그리고 고대 로마 성가와 같은 다양한 어조의 찬송가들을 등장하게 하였다. 오늘날 정통파라 할 수 있는 비잔틴 교회는 찬송가를 전례의식에 포함하여 거행하였다. 성가의 선율은 성경 구절을 기반으로 만들어졌는데, 특히 찬송가와 시편이 이러한 선율에 바탕을 두고 있다. 비잔틴 교회의 가장 큰 특징이라 할 수 있는 찬송가들은 10세기 초기에 기보가 되었고, 대부분의 많은 성가들이 아직도 그리스 정교회 예배식에 사용되고 있다.

서방 교회에서 로마 외 가장 중요한 종교적인, 그리고 음악적인 중심지는 밀라노였다. 북부 이탈리아를 중심으로 발전된 성가와 노래는 후에 성 암브로스의 이름을 따서 만든 암브로시오 성가가 되었다. 성 암브로스는 374~397년 사이 밀라노의 주교였다. 많은 탄압에도 불구하고 암브로시오 예배식과 찬송가는 오늘날까지 밀라노에 존재하며, 로마 성가의 특징을 여전히 보존하고 있다.

그레고리오 성가는 프랑크족의 왕과 고대 로마의 지도부 들로 인해 예배식, 그리고 음악의 한 레퍼토리로 편성되었다. 스콜라 칸토룸 Schola Cantorum 이라 불리는 교황의 성가대가 7세기 후반 성가의 방식을 표준화하는 데 영향을 주었다. 교황이 예배를 주도할 때마다 항상 합창단이 대동되어 노래를 불렀다. 프랑크 왕국도 로마 교회의 예배식과 음악을 주도하면서 성가를 견고하게 다졌다. 당연히 프랑크 사람들도 음악에 그들만의 변화를 추가함으로써 이 전례음악에 상당히 기여하였다.

이 프랑크-로마 사람들의 콜라보레이션은 성가를 표준화하였고 후세에 교황 그레고리오 1세 590~604의 이름 따서 불려지게 되었다. 교황 그레고리오 1세는 서방 교회의 창시자로 칭송받는 인물로 스콜라 칸토룸을 구축하면서 음악사적으로

그레고리오 성가를 단단히 굳건하게 하는 데 일조했다. 하지만 불행하게도, 교황 그레고리오 1세는 가장 부당한 평가를 받은 인물이기도 했다. 심지어 그의 성가가 그에게 비둘기의 형상을 띤 성령으로 나타났다고 폄훼받기도 했다. 그는 성가를 받아쓰고 보존까지 하였는데도 말이다. 카롤루스 대제와 그의 후계자들이 그레고리오 성가를 널리 퍼트렸고, 그런 계기로 교회음악은 대부분의 교회를 통합하는 역할을 담당했다.

12세기까지 살아 남은 성가의 마지막 레퍼토리는 바로 고대 로마 성가였다. 다시 말해, 도시 로마의 성가이다. 그레고리오 성가와 같은 예배식과 가사를 사용했지만 고대 로마 성가는 조금 더 화려한 면이 있었다. 그럼에도 그레고리오 성가가 고대 로마 성가를 탄생시켰는지 혹은 고대 로마 성가가 그레고리오 성가를 탄생시켰는지에 대해선 아직도 밝혀지지 않았다.

중세시대 예배음악에 대한 저서들이 아직 남아 있다는 사실을 제외하고, 중세시대 음악사에서 기념비적인 사건은 음악 기보의 발명이었다. 이전까지 그 어떠한 체계적인 기보 시스템이 없었기 때문이다. 8세기 로마 예배식의 문구는 종이로 쓰였다고 해도, 그것에 동반하는 멜로디는 단순히 구전되어 내려오는 게 현실이었다. 이 선율들이 아직까지 보존되고 전해져 내려오는 방식에 대해선 여전히 논란 중이다. 물론 자주 불렀던 노래들은 세대 간 그대로 전해졌지만, 논란이 되는 부분은 흔하게 불리지 않았던 노래들에 관한 것이다. 같은 곡이라 하여도 다양한 변주들이 등장하였고, 관습적인 허용 범위 내에서 즉흥 연주로 탄생되었다고 추정된다. 그 노래들이 단지 노래를 부른 사람, 그리고 청중들의 기억으로만 전해 내려오는 이상, 그 과정에서 개개인마다 변형과 오해가 있을 수밖에 없었다. 이런 논쟁에 대한 해결책은 음악 기보밖에 없었다. 음악 기보는 문자 그대로, 음을 받아 적는 것을 뜻한다.

초기 기보법은 '네우마neumes'라 불리는 조그마한 기호를 적어 넣는 것이었다. 네우마는 라틴어의 'neuma'가 어원으로 표시, 혹은 표현이란 뜻을 담고 있다. 음높이에 따른 부호를 이용하여 멜로디의 상승과 하강 등을 나타낼 수 있었다. 여기서 우린 11세기에서 빼놓을 수 없

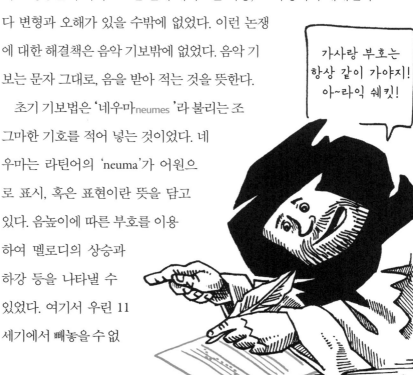

가사랑 부호는
항상 같이 가야지!
아~라익 쉐킷!
귀도 다레초

는, 중요한 사람을 짚고 넘어가지 않을 수 없다. 바로 귀도 다레초Guido d'Arezzo라는 인물이다. 귀도 다레초는 이탈리아의 수도사로, 수평으로 된 선들과 그 선들 사이에 일정한 공간을 둠으로써 음높이를 나타낼 수 있는 기보 시스템을 고안했는데, 오늘날 우리가 말하는 오선보 기보 체계가 여기서 비롯된 것이었다. 이 당시 귀도 다레초는 자신이 창안한 기보법에 있어서 단 하나의 고민거리를 품고 있었다. 오직 음정만 기보를 할 수 있고, 음길이를 기보할 수가 없었던 것이었다.

잠시 시간의 흐름을 800년 앞당기겠다. 프랑스의 솔렘에 있는 베네딕도회 수도원에서 현대판 성가곡집을 준비하고 있었다. 그리고 1903년 로마 교황 비오 10세에 의해 공식 바티칸 출간물로 공표되었다. 솔렘 수도원에서 발행된 출간물은 많은 점과 기호 들을 넣어 음길이를 나타낼 수 있었지만, 여전히 당시의 음악 기보에 대한 문제점을 완전히 해결할 수는 없었다. 찬송가 기보는 아직도 비교적으로 각 음높이보통 2성에서 3성으로를 동일한 리듬으로 기보되는 특징을 갖고 있다. 이것은 800년 동안 표준이 되었다. 모든 성가들은 8개의 교회선법을 기반으로 하고 있는데, 교회선법은 성가의 특징을 나타낼 수 있는 중요한 음계이다.

교회선법은 성가의 가장 중요한 음, 그리고 선율의 가장 마지막 음, 성가의 범위와 낭송음을 알려주는 데 가장 중요한 역할을 담당한다. 여기서 말하는 낭송음은 그 선법에서 두 번째로 중요한 음이며, 보통 성가를 부를 때 강조되는 음, 그리고 시편을 낭송할 때 사용되는 음을 가리킨다. 그렇다면 찬송가를 노래하는 방법은 어떻게 배울 수 있을까?

귀도 다레초는 온음, 반음 체계를 교회 선법에 적극 도입하였고, ut 도, re 레, mi 미, fa 파, sol 솔, la 라 라고 발음을 하는 6개의 음계 이름을 고안하였다. 익숙하지 않은가?

이것은 오늘날 현대의 음악 교육 시스템 solfege 으로 수많은 사람들이 뮤지컬 〈사운드 오브 뮤직 The Sound of Music〉에서 많이 들었던 도-레-미-송이 바로 그것이다. 귀도 다레초의 제자들은 여기서 멈추지 않았다. 그들은 가수들이 시창을 할 수 있게 '귀도 다레초의 손' 이라는 하나의 교육체계를 만들었다. 지도자는 왼손에 있는 각 마디를 가리키며 마디마다 쓰인 12음을 가르침으로써 음정교육을 가능하게 하였다. 전례음악의 체계화에서 선율의 편곡법 발전, 그리고 노래를 직접 부르기 위한 음악 교육 시스템으로의 발전까지, 중세시대는 서양 음악사에 있어 음악 기보법의 발전에 상당한 영향을 주었다.

CHAPTER 3

로마의 예배의식

역사적으로 교회가 작곡에 있어서 중요한 수단이었다면, 미사는 여러 가지 이유로 로마 교회예배의 가장 중요한 의식 중 하나였다. 로마 교회에서 미사는 중세와 오늘날에 있어서 가장 중요한 종교의식을 거행하는 수단이었다. 미사는 두 개의 예배의식으로 나뉜다. 바로 말씀 예배와 성찬 예배가 그것이다. 말씀 예배를 하는 동안에는 구약과 신약 복음서를 읽고 숙고하는 시간을 갖는다면, 성찬 예배 시간에는 사제들이 빵과 와인을 봉헌하고 예수의 몸빵 과 피와인 를 먹으면서 최후의 만찬을 했던 예수를 재현하면서 경배한다빵과 포도주를 성찬식에서 신에게 올렸다 .

모든 교회는 매주 일요일, 그리고 특별한 축일에 미사를 거행하고 있

다크리스마스와 부활절이 가장 중요한 축일들이다. 수도원과 수녀원, 그리고 중요 대성당들에서는 늘 성찬 미사를 올리고 있다. 미사는 1500년 동안 중요한 장르로서 여겨지기 때문에, 음악을 공부한다면 미사를 이해하는 것이 무엇보다 중요하다. 예배의식에 실질적으로 쓰인 음악이든 혹은 종교적으로 쓰이지 않았던 음악이든, 미사에 쓰인 가사들은 많은 음악의 기반이 되기도 했다.

미사에 쓰인 가사들은 크게 두 가지로 나뉜다. 이 두 가지 모두 말씀 예배와 성찬 예배에 사용되었다. 첫 번째는 미사통상문the Mass Ordinary 이다. 미사를 거행할 때마다 매번 똑같이 쓰이는 것들이다. 자비송키리에, Kyrie, 대영광송글로리아, Gloria, 사도신경크레도, Credo, 상투스Sanctus, 하느님의 어린양아뉴스 데이, Agnus Dei.

두 번째는 미사고유문the Mass Proper 이다. 교회력에 따라, 다시 말해 절기에 따라 변하는 모든 가사들을 말한다각각 미사에 쓰이는 가사들이 제각각이다. 입당송Introit, 사도서간Epistle, 승계송Gradual, 알렐루야Alleluia, 부

속가 Sequence, 봉헌송 Offertory, 영성체송 Communion.

이러한 종교음악을 공부하기 위해서는, 미사통상문이 하는 역할을 제대로 이해하는 것이 매우 중요하다. 우선 첫 번째로, 자비송 키리에, Kyrie - 라틴어가 아닌 그리스어가 어원이다! 은 미사곡에 첫 순서로 세 번을 반복하여 부른다. "주님, 자비를 베푸소서. 주님, 자비를 베푸소서. 주님, 자비를 베푸소서." 이 세 가지 미사통상문은 종교음악에서 삼위일체, 다시 말해 성부-성자-성령의 신을 부를 때 아주 흔하게 사용되는 구절이다.

대영광송 글로리아, Gloria 의 가사는 삼위일체 신의 영광을 찬미하는 것을 다룬다. 대림절과 사순절을 제외하고 모든 축일과 주일 예배 때마다 대영광송을 부른다. 사도신경 크레도, Credo - 라틴어의 creed가 어원이다 은 기독교 교리에 있는 신앙고백 기도문을 이야기한다. 예수의 고통, 죽음 그리고 부활을 이야기하는 것이 이 교리의 중심이다. 사도신경을 미사에서 흔하게 들을 수 있지만, 니케아 신경에서 가장 많이 음악이 사용된다. 두 가지는 매우 비슷하다.

상투스Sanctus - 유일하게 명사가 아니기 때문에 명사형으로 제목을 붙일 수 없다 에는 사제들이 함께 "거룩하시도다, 거룩하시도다, 거룩하시도다, 온누리의 주 하느님"을 외치며 신의 거룩함을 찬미한다.

하느님의 어린 양아뉴스 데이, Agnus Dei 는 앞 순서인 자비송Kyrie 과 같이 세 번을 반복하여 외친다. "하느님의 어린양, 세상의 죄를 없애시는 주님, 자비를 베푸소서2번을 반복 , 하느님의 어린 양, 세상의 죄를 없애시는 주님, 평화를 주소서."

미사통상문의 각 파트별로 전부 멜로디가 입혀져 있다는 사실을 기억하는 것이 중요하다. 세 가지 방법들 중 하나로 이야기하자면 사도신경과 대영광송은 전형적으로 '음절 성가syllabic chants '이다. 각 음절마다 하나의 음 혹은 네우마에 맞게 놓인 방식을 이야기한다. 두 개의 가사 모두 길이가 꽤 길다보니, 그 길이에 맞는 음절 처리가 가장 효과적인 방법이었다. 상투스와 하나님의 어린 양은 비교적 가사가 짧다보니 "네우마 성가neumatic chants " 로 많이 쓰였다. 1개에서 6개의 음들이 하나의 음절에

맞춰 놓인 방식을 말한다. 짧은 여섯 글자의 가사로 되어 있는 자비송은 꽤 화려하고 멜리스마 성가, 다시 말해 하나의 음절을 상대적으로 긴 선율적인 악절로 되어 있다.

다음 1000년 동안 음악의 발전에 있어서 성가의 중요성은 절대로 과소평가될 수 없다. 성가는 9세기에서 16세기까지의 다성음악의 기초 기능을 담당했으며, 많은 음악가들에 의해 종교개혁 동안 찬송가와 코랄의 기초가 되었으며, 더 나아가 20세기를 포함한 음악 작곡종교음악과 세속음악 모두에 지속적으로 영향을 미쳤다.

CHAPTER 4

다성음악의 시작

1050년과 1300년 사이, 고딕이라는 새로운 건축양식이 교회와 성당을 건설하는 데 도입되었다. 이 양식은 화려한 외관, 탑, 첨탑, 스테인드글라스, 넓은 천장 그리고 뾰족한 아치 등의 특징을 보였다. 고딕의 화려한 스타일은 건축뿐만 아니라 다양한 예술의 형태로 나타났다 회화, 조소 그리고 악보 용지 등. 그리고 음악에서는 '다성음악'의 형태로 등장했다.

고딕시대 이전까지 표준으로 사용된 단성음악과 대조적으로, 고딕시대의 다성음악은 각각 다른 성부를 함께 부르는 음악 형태다. 다성음악은 기존의 성가에 성부들을 더하여 기존의 단성음악을 더 장식하는 용도로써 사용되기 시작했지만, 음악을 듣는 청중과 부르는 음악가

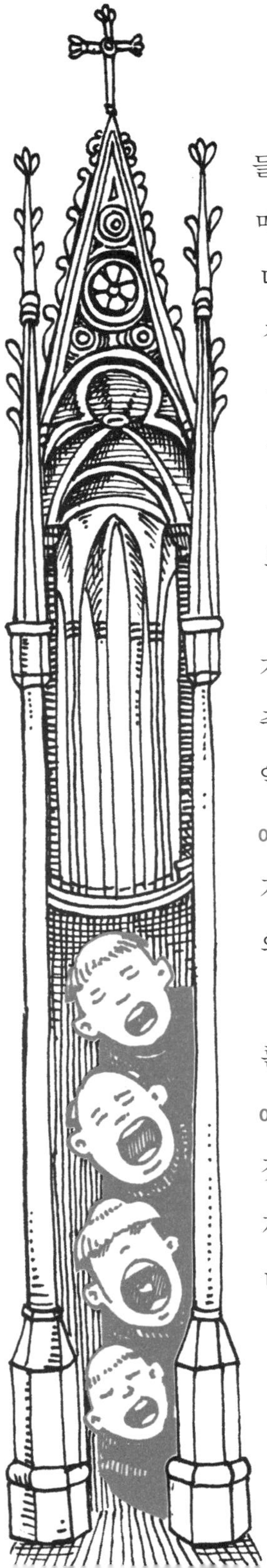

들로 인해 더욱더 화려하게 기존 음악을 꾸밈으로써 매우 가치 있는 음악으로 평가를 받게 되었다. 비로소 다성음악은 13세기에 들어 음악의 핵심 요소로 자리 잡게 되었다. 교회의 화려한 스테인드글라스와 넓은 천장처럼, 다성음악은 예배음악에 장엄함과 화려함을 더 가미했다. 동시에 다성음악의 발전은 음악기보의 발전에도 획기적인 영향을 주었다. 음길이를 기보할 수 있는 방법들을 찾게 된 것이다.

다성음악 기보법이 발달하는 전과 다성음악의 초기에는 성악 혹은 악기들이 각자 다수의 성부들을 연주하는 것이 가장 일반적인 형태였다. 간단한 다성음악의 형태는 가장 낮은 저음부나 쭉 지속되는 음**백파이프 소리의 특징을 생각하면 이해하기 쉬울 것이다** 과 함께 연주하거나 부르는 방식이다. 교회음악에서 초기 다성음악의 형태는 '오르가눔organum '이다.

오르가눔이란 주성부를 담당하는 하나의 성부와 다른 선율을 담당하는 성부**오르가눔 성부라 칭하며 하나, 혹은 그 이상의 성부가 있을 수 있다** 가 나란히 병행적으로 연주하는 것을 말한다. 여기서, 성부들은 다른 성부들과는 관계가 전혀 없다는 것을 알아야 한다. 성부들은 1 : 1, 다시 말해 음표 대 음표의 스타일로 진행되는데 이것을 병행 오르가눔이라 한다. 하지만 장식 오르가눔의 경우에는, 오르가눔 성부가 주성부 위에 화려하고 많은 음들로 구성되어 있는 멜리스마 악절melisma 이 등장하게 된다.

화려한 스타일의 다성음악은 12세기 후기에서 13세기 초기에 걸쳐 파리에서 번창했다. 특히, 파리의 새로운 고딕 대성당이었던 노트르담 대성당의 예배에서 많이 쓰였다. 복잡하면서, 장엄하고 기품 있는 노트르담 성당에서 주로 울려 퍼진 다성음악은 전 세계의 어느 곳에서도 비교할 수 없을 만큼 상당히 훌륭했으며, 대다수의 음악들이 즉흥이 아닌 기보의 형태로 전승되었다.

고대 그리스 음악 이후 음악기보에 있어 가장 중요한 사실 중 하나는 바로 음길이를 기보할 수 있는 새로운 방법을 고안해냈다는 데 있다. 이 당시의 기보법은 후기에 등장하는 모든 음악의 기보법에 많은 영향을 주었다. 리가투라ligatures 라 불리는 음들의 조합악보에서 한 호흡으로 처리하거나 중단하지 않고 연주할 것을 나타내는 호선, 또는 한 철에 해당되는 음을 연결하는 호선으로 중세 기보법에서는 이음표를 리가투라로 불렀다 을 사용하여 각각 다른 패턴의 단음가는 물론, 긴음가의 기보를 가능하게 했다. 전체적으로 모두스modus, 규칙, 표준으로 의미하며 중세 음악과 관련한 교회선법 혹은 모우들 리듬이라 불리는 6개의 기본적인 리듬 패턴이 있었다. 아마도 성가의 음들을 구성하는 데 절대적으로 많이 쓰인 교회선법을 떠올렸을 수도 있다. 이제는 음이 아닌 리듬적인 요소를 가리키는 모두스도 알게 되었다.

다성음악을 이야기할 때 반드시 언급해야 할 대표적인 두 명의 노트르담 악파 작곡가가 있다. 레오냉Lèonin과 페로탱Pèrotin이다. 레오냉은 오르가눔 대곡집인 〈마뉴스 리베르 오르가니Magnus liber organi〉를 편찬한 걸로 유명한 작곡가다. 이 대곡집에는 교회에서 가장 중요한 축일에 쓰이는 2성으로 된 성가들이 많이 쓰여 있다. 비록 원본이 더 이상 존재하지 않지만, 대부분의 내용이 사본의 형태로 독일과 이탈리아에 남아 있다. 페로탱은 레오냉의 〈마뉴스 리베르Magnus liber〉을 수정함으로써 기존 레오냉의 음악을 더 증축했으며, 기존 2성부의 오르가눔에 3성 혹은 4성으로 성부를 더 추가했다.

이렇게 재탄생된 페로탱의 음악은 레오냉의 음악보다 훨씬 세련됐으며 오히려 더 아름다웠다. 다성음악의 시작부터 13세기의 예배음악까지, 새로운 형태 그리고 새로운 장르의 성악음악들이 생겨났다. 그 중 가장 중요한 음악은 '모테트motet'이다. 라틴어 motetus가 어원이며 mot은 프랑스어로 낱말,

단어의 뜻을 갖고 있다. 종합적으로 기존 음악에서 새로운 라틴어 가사를 더한 성악음악을 모테트라 이해하면 될 것이다.

모테트는 라틴어를 대체하여 프랑스어 가사를 사용한 것부터 세속적인 주제의 곡, 궁극적으로 리듬 모두스의 자유로움까지 지향함으로써 아주 급격한 변화와 발전을 이루어 냈다. 이처럼 급진적인 발전을 거듭한 모테트 장르는 20세기에 들어서도 상당히 번창하는 음악이 되었다. 이 시기의 모테트는 다양한 독립적인 성부의 음악뿐만 아닌, 동시에 다른 가사를 부르는 음악이었다. 예를 들어 트리플 모테트triple motet는 3개의 독립적인 선율과 가사를 담당하는 성부가 상대적으로 긴 음가의 고정된 선율, 다시 말해 정선율cantus firmus를 담당하는 4번째 성부

테너라 한다 위에서 부르는 형식의 음악이다.

비로소 음악사에서 처음으로 음표의 길이가 음표의 모양을 나타내는 특징을 이뤄냈다. 1280년경에, 콜로뉴의 프랑코Franco of Cologne 가 이러한 리듬을 기보할 수 있는 '정량기보법mensural notation '을 고안하였는데, 여기에는 4가지의 종류가 있다. 막시마the double long , 롱가the long , 브레비스the breve , 그리고 세미 브레비스semi-breve 다. 막시마에서 롱가, 브레비스, 세미 브레비스로 이어지면서 해당 음가의 박자는 각각 절반씩 짧아진다.

작곡가들 주목! 이걸로 당신의 곡에 숨결을 더 불어넣을 수 있네.

오늘날까지 우리는 이 정량기보법에 따라서 여전히 온음표, 2분음표, 4분음표, 8분음표, 그리고 16분음표와 같은 기보 시스템을 사용하고 있다. 이러한 기보법을 콜로뉴의 프랑코의 이름을 따 프랑코니안 기보법Franconian notation 이라 하며, 모테트 작곡에 있어 다채롭고 새로운 리듬 모두스rhythmic modes 의 사용을 가능하게 만들었다. 이후 몇 백 년 이내에 클래식 음악은 작곡 면에 있어서 커다란 움직임을 보였다. 1000년

안에, 가장 핵심적인 멜로디라인이 나오게 되었으며, 1300년에는 여러 개의 독립적인 성부로 이루어진 다성음악이 작곡의 표준이 되었다, 하지만 그렇다고 해서 새로운 단성음악들이 완전히 사라진 것은 아니었다. 그리고 음악 기보면에 있어서 가장 핵심적인 두 가지는 바로 리듬 모두스와 프랑코니안 기보법이다. 그 두 가지는 음정길이를 더 세부적으로 기보하게 만드는 결정적인 방안을 제시했다.

CHAPTER 5

14세기 프랑스 그리고 이탈리아 음악

안정적이면서 꽤나 번창했던 13세기와 달리, 1300년대 유럽에는 상당히 격동적인 사건들이 많았다. 장장 1세기 동안 있었던 백년전쟁으로 인해 전염병이 발병했으며, 북서유럽 지역의 홍수로 인한 기아사태, 기후변화로 인한 흉년현상, 그리고 흑사병이 전 유럽인에게 고통을 안겨주었다. 폐렴과 림프절 페스트가 합병증의 형태로 나타난 흑사병은 유럽 전체 인구의 약 3분의 1을 사망을 이르게 한 아주 무서운 병이었다. 오랜 시간에 걸쳐 세력을 통합하였던 교회마저도 커다란 벽에 부딪혔으니 그것은 바로 프랑스 교황 클레멘스 5세의 선출이었다.

교황 클레멘스 5세는 교황청을 로마에서 프랑스 아비뇽으로 옮기며

백 년 동안 무척 힘든
시간이었다. 새로운
음악을 사용할 수도
있겠어.

주로 그곳에 머물렀는데 이 기간을 '바빌론 유수'라고 한다. 바빌론 유수는 로마와 아비뇽 그리고 후에는 피사에 있는 교황들이 서로 분립하여 교회의 대분열까지 이르게 만들었다.

그 당시 음악은 구조와 감정 사이의 균형을 추구하려 했다. 여기서 감정이란 불확실성, 혼란, 고통 등 그 당시 유럽인들의 모든 삶에 반영되었던 감정들을 말한다. 음악의 구조는 새로운 리듬과 선율적 패턴 그리고 노래의 표준화를 통해 하나의 형태로 출발하게 되었다. 그리고 혁신적인 박자와, 선율 그리고 화성을 사용함으로써 감정을 표현하는 것에 더 초점을 맞추었다. 그 당시의 혁신가들 중 한 명인 필립 드 비트리 Philippe de Vitry 는 14세기 새로운 프랑스 음악양식을 일컫는 라틴

어원 '아르스 노바 Ars Nova', 다시 말해 새로운 예술을 이끈 인물이었다.

아르스 노바는 리듬, 그리고 음악 기보면에서 두 가지의 주된 혁신적인 특징을 보였다. 리듬 측면에서 '새로운 예술'은 음 길이에 있어서 두 가지로 분리되었는데, '불완전한' 2분박과 비교적 긴 음가의 '완전한' 3분박이다. 부가적으로, 과거의 가장 짧은 음가를 가지고 있었던 온음표는 현재는 2분음표 단위로 더 나눌 수 있다. 14세기 중엽에, 아르스 노바는 음감 표시 mensuration signs를 포함하기 시작하였다. 음감 표시란, 곡의 개요 부분에서 박자를 기보하는 오늘날 우리가 몇 분의 몇 박자라고 이야기 하는 박자표의 전신 정도로 생각하면 되겠다.

14세기에 있어 가장 중요한 작곡가는 단연 기욤 드 마쇼 Guillaume de Machaut, 1300~1377라고 할 수 있다. 기욤 드 마쇼는 귀족과 왕족의 후원 아래에 거의 140곡에 달하는 다작을 한 인물이다. 마쇼는 후원자들을 위해 음악을 악보 형태로 만들었으며, 이는 많은 음악가들이 예술가로서 권리를 주장할 수 있는 자의식을 깨우치게 하는 계기가 되었다. 이전에는 악보에 작곡가들이 자신의 이름이 아니라 익명으로 남기는 게 일반적이었다. 마쇼는 미사에서 모테트 그리고 세속음악에 이르기까지 거의 모든 장르의 음악을 작곡하면서 자신의 악보로 만들었다.

마쇼는 초기에는 주로 모테트를 많이 작곡하였지만 세속음악과 종교 음악 둘 다 골고루 작곡하는 편이였다. 마쇼의 모테트는 정선율 canto fermo, 12세기 초기 다성음악 시대에 시작된 것으로 대위법 작곡의 기초가 되는 선율 위에 여러 개의 성부가 있는 형식을 띈다. 하지만 앞의 선조들에 비해 리듬적으로는 더 복잡하였다. 마쇼는 시인이기도 하였는데 대부분 사랑을 주제로 한 세속음악들도 많이 작곡하였다. 그의 유명한 세속음악들은 '정형시 형식 formes fixes'을 띄고 있다. 정형시 형식이란, 가사와 음악의 일정한 패턴을 일정한 형태로 고정시키는 방식을 의미한다. 이 정형시 형식은 단성음악뿐 아니라 다성음악 기법을 도입한 '샹송 프랑스어로 노래'까지 다양하게 적용되었다. 모든 정형시 형식들은 춤곡에서 유래되었다.

캐논 기법을 도입하여 마쇼가 작곡한 가장 중요한 작품은 바로 〈노트르담 미사 Messe de Nostre Dame, 성모미사〉이다. 〈노트르담 미사〉는 다성음악 미사곡으로 단 한 명의 작곡가로 인해 완성되었으며 상당히 조화로운 음악으로 알려졌다. 그 전에는, 예배에 쓰였던 다양한 음악들과 다성음악의 미사음악이 대개 합쳐진 형태로 쓰였다. 하지만 이와 대조적으로 마

기욤 드 마쇼

쇼는 그의 미사곡 6개 악절을 하나의 곡으로 다루었다. 마쇼는 당시 동시대 그리고 그의 사후 수 십 년 동안 시인 그리고 음악가로서 깊은 존경을 받았다. 그의 작품들은 대부분 다성음악의 비중이 상당히 컸는데, 그 이유는 그가 수많은 악보를 잘 보존하여 음악이 후대에 전해지기를 원했기 때문이었다.

중세시대에 프랑스와 이탈리아는 서로 완전히 다른 성격을 가지고 있던 나라였다. 예를 들어 프랑스는 당시 군주제를 실행하고 있었던 반면, 이탈리아는 지역별로 다른 문화와 방언, 그리고 정치구조를 갖고 있었다. 이렇게 두 나라가 서로 달랐지만 프랑스 음악은 14세기 후반에 이탈리아 작곡가들에게 많은 영향을 주었다. 이탈리아 작곡가들은 이탈리아 고유의 지방색을 잃게 되었고, 프랑스 음악의 새로운 양식을 받아들였다. 그들의 음악에 프랑스어 가사를 입히고 프랑스 음악의 형식을 사용하였다. 심지어 가끔 그들은 악보를 프랑스어로 기보하기도 하였다.

프랑스 음악이 이탈리아 음악에 상당한 영향을 준 건 사실이다. 하지만 그렇다고 해서 이탈리아 음악이 전혀 혁신적이지 않다는 이야기는 아니다. 이탈리아 트레첸토 Trecento, 이탈리아어로 1300년대 다시 말해 '14세기풍의 양식'을 의미함 음악도 나름 이탈리아 음악으로서 존재감을 드러냈다.

프랑스 작곡가들이 세속음악과 종교음악 모두 작곡하는 데 초점을 맞췄다

면, 트레첸토 작곡가들은 주로 세속 다성음악 작곡에 더 집중했다. 그 당시 교회 다성음악들이 대부분 다 즉흥으로 만들어졌기 때문에 아주 극소의 이탈리아 교회 음악만이 악보로 남겨졌다. 그럼에도 불구하고 이탈리아 트레첸토의 다성음악들은 악보로 상당히 잘 보존되었을 뿐만 아니라, 심지어 상당한 분량이었다.

14세기의 '마드리갈madrigal'은 악기의 반주가 없는 무반주의 2성 혹은 3성의 곡을 말한다. 다음 챕터에서, 16세기의 마드리갈에 관해 더 알아볼 것이다. 16세기의 마드리갈은 14세기의 마드리갈이랑 완전히 다른 음악이라 할 수 있다. 이탈리아 트레첸토 마드리갈에서는 모든 성부에 같은 가사가 쓰여 모두 같은

프란체스코 란디니

가사의 노래를 부르게 된다. 가사는 주로 전원적 · 풍자적 혹은 사랑에 관한 내용이었다. 각 시구stanza 뒤에 '리토르넬로ritornello' 라는 2행이 오면서 곡은 마무리된다. 리토르넬로라는 개념은 뒤에 다시 등장하지만, 14세기 마드리갈에 쓰였던 리토르넬로와 전혀 다른 기능을 한다. 하나의 성부에 쓰인 주요 멜로디가 곡의 전반부를 좌지우지하던 프랑스 아르스 노바와는 달리, 트레첸토 마드리갈은 모든 성부가 동등하며 하나의 성부가 도드라지는 경향은 거의 없다.

트렌첸토 음악의 가장 중요한 작곡가는 프란체스코 란디니Francesco Landini, 1325~1397 였다. 그는 주로 세속음악을 많이 작곡했으며, 특히 '발라타ballata'가 상당히 유명하다. 발라타는 이탈리아어의 동사 발라레ballare, 춤을 추다 에서 유래되었으며, 한 성부의 주 멜로디가 지배적인 프랑스 샹송의 영향을 많이 받은 것으로 보인다. 란디니는 140곡의 발라타를 작곡하였다. 원래 발라타는 춤의 반주가 되는 음악을 의미했다. 란디니는 12곡의 마드리갈을 작곡하였고 나머지 2곡란디니는 총 154곡의 노래를 남겼다 은 다른 형식의 곡이였는데, 발라타의 인기를 뛰어넘는 곡이기도 하였다.

뒤늦게 알려진 사실이지만, 14세기 프랑스 그리고 이탈리아 작곡가들은 종교음악과 세속음악의 발전에 상당한 기여를 했음에도, 다행인지 불행인지 몰라도 그들의 음악은 영향력을 자랑할 만큼의 지위를 차지하지는 못했다. 15세기를 좌지우지한 종교적 사건 때문인지, 그 후 몇 세기 동안 그들의 음악은 연주되지 못했으며, 20세기에 들어서야 그 가치가 재발견되었다.

II

새로운 탄생 :

르네상스

음악

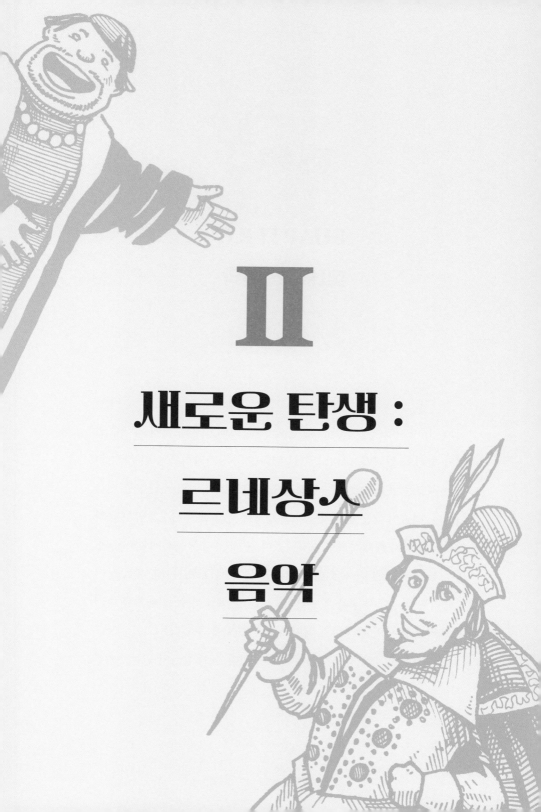

CHAPTER 6

르네상스 음악

15~16세기에는 유럽의 문화, 문학, 미술 그리고 음악 등에 커다란 변화와 발전이 있었다. 그러나 이런 변화는 동시다발적으로 한 가지 형태의 새로운 스타일보다는 점진적으로 교차된 형태의 스타일을 만들어냈다. 더불어 많은 작곡가들이 외국에서 자리 잡기 시작하면서 음악 양식들이 점차 세계적으로 퍼져나갔다. 고대 그리스 문화에 바탕을 두면서 노래 가사에 더욱더 많은 신경을 쓰기 시작하였는데, 예를 들어 발음의 편의성에 초점을 맞추어 노래하기 편하도록 음절 배치를 하거나 음악에 가사의 감정선과 의미에 따라 변화를 주었다.

르네상스 시대의 지식 이념은 인본주의다. 르네상스의 인본주의란 고대 그리스 로마의 사상, 철학, 그리고 학문으로의 복귀, 다시 말해 부활을 의미한다. 고전시대의 그리스와 로마 고서를 바탕으로 르네상스의 시, 역사, 윤리학에 대한 관심을 보이기 시작하였다. 특히 르네상스 예술가들은 미술과 음악에서 고전적 양식으로 회귀하면서 미적인 것과 구조적인 측면, 그리고 자연주의에 초점을 맞추어 창작활동을 하였다.

르네상스 음악의 발전은 인본주의 운동과 같은 시기에 일어났다. 15세기 이전, 작곡가가 개성적으로 작곡을 하는 경우는 흔하지 않았다. 그러나 르네상스의 막이 오르면서, 예술가들은 표현의 자유권을 보장받을 수 있게 되었다. 예술적인 표현이 자유로운 사회적 분위기 덕분에 점차 작곡가들은 자신의 음악에서 명료함과 구조적 측면을 탐구하기 시작했으며, 더 나아가 곡의 음역대를 확장시키는 상상력을 발휘하기 시작했다. 특히 음역대의 확장은 음색의

극대화된 대비를 이루게 했다. 이것은 매우 높은 음가와 매우 낮은 음가의 형태를 이용하거나, 성부의 많고 적음을 이용해 음역대의 풍부한 느낌을 더욱 대조시킨 방식이었다.

음악가들의 훈련, 고용, 여행은 르네상스 음악의 발전에 지대한 영향을 미친 매우 중요한 요소였다. 많은 음악학원 설립과 후원은 음악가들에게 있어 전례 없던 엄청난 기회를 창출했다. 궁전 예배당은 후원의 흔한 형태였고 그곳에서 후원을 받은 성직자와 음악가 들은 후원자들을 위해 정기적으로 작곡과 공연을 하였다. 이것은 한 공간에서 제한된 음악만을 만들던 때와는 판이하게 달랐다. 이 예배당의 음악가들은 교회음악뿐만 아니라 궁궐음악을 위해 작곡과 연주를 했다. 통치자들은 최고급 옷감과 화려한 궁궐만큼이나, 최고의 음악을 추구했다. 이런 재정적 풍요 덕분에 이 당시에 통치자의 부와 권력에 걸맞는 유쾌한 음악이 탄생될 수 있었다.

새로운 음악의 작곡과 연주 목적으로 장소를 제공한 것 외에도, 다양한 지역 출신의 음악가들을 데려오기도 했는데, 결과적으로 이는 점점 세계적인 음악가들을 배출하는 양성 장소로 발전하는 계기가 되었다. 영국, 프랑스, 그리고 이탈리아의 전통음악이 일종의 새로운 국제적인 음악으로 통합되고 합쳐져 발전하게 되었다. 그 이유는 국가 간에 각 지역 고유의 전통성, 장르, 그리고 사상 등의 끊임이 없는 교류가 이루어졌기 때문이다.

이런 나라별 문화적 교류는 르네상스 이후 세계적인 음악가들에게 출생국가뿐만 아니라 다른 지역의 음악 스타일로도 작곡할 수 있는 기회를 제공했다. 이탈리아 음악가들은 프랑스 상송을 작곡하였고 독일 음악가들은 이탈리아 마드리갈을 작곡했다. 르네상스 시대에는 국가 별로 작곡 스타일이 변화하기도 하였지만 새로운 작곡법과 음악적 구성도 등장하였다. 대부분의 다성음악은 고정된 선율을 담당하는 정선율 성부 위에 주선율을 담당하는 멜로디 성부에 더 초점이 맞추어져 있었다.

반면 르네상스 시대에는 작곡가들이 성부들 간의 동등함을 지향하였고 수직적인 소리가 만들어내는 불협화음에 더욱 관심을 기울이기 시작했다. 그리고 각 독립적인 성부에 흥미롭고 노래 부르기에 좋은 멜로디 작곡을 추구했다. 르네상스 음악가들은 그리스 문화와 철학에 관한 관심이 있었다. 피타고라스 음률The Pythagorean turning 은 중세시대의 음악에 상당한 영향을 주었고, 오직 완전4도, 완전5도, 그리고 옥타브 완전8도 만이 음정에 맞게 조율이 되었다 단순 비율 2:1, 3:2 그리고 4:3이 완전음정으로서 조율이 되었다는 점을 기억하는 게 좋다. 달리 말해, 완전 음정들을 제외한 다른 음정들은 조율이 전혀 안 돼서 음이 전혀 맞지 않았다.

소리에 관한 지속적인 연구는 곧 새로운 조율 시스템에 대한 필요성을 인식하게 되었고, 그 시스템은 다른 음정들을 음에 맞게 조율이 가능하게 만들었다. 그 중에서 '순정조 just intonation'가 하나의 대안으로 사용되었다. 순정조란, 협화음인 3화음이 등장하여 기초로 한 음계로, 비율은 5:4, 그리고 6:5 가 된다. 하지만 이러한 대안책에도 또 다른 문제점이 있었으니, 그것은 바로 4, 5 그리고 3도는 상대적으로 음이 잘 맞아 어울리는 반면에 다른 음들은 음정이 맞질 않는다는 데 있었다.

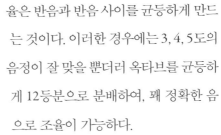

1500년대 후반에는 '평균율 equal temperament'이 조율 시스템의 표준으로써 활용되었다 지금도 여전히 사용된다. 평균율은 반음과 반음 사이를 균등하게 만드는 것이다. 이러한 경우에는 3, 4, 5도의 음정이 잘 맞을 뿐더러 옥타브를 균등하게 12등분으로 분배하여, 꽤 정확한 음으로 조율이 가능하다.

르네상스 시대의 사람들이 고대 그리스 로마의 미술, 시 그리고 건축물 들을 쉽게 접할 수 있었던 반면에 고대 음악을 접할 수 있는 기회

가 거의 없었다. 하지만 고대 그리스 문학작품들은 르네상스 시대의 사람들에게 고대 음악에 관한 이상ideal 을 간접적으로 알 수 있게끔 했다. 이런 고대에 대한 이상은 르네상스 음악의 작곡과 그 당시 사회 모임에도 적잖은 영향을 주었다. 고대 그리스 사회에서 음악은 오직 음악교육을 받은 이들만 악보를 읽을 수 있었고, 노래를 부를 수 있었고 작곡을 할 수 있었다. 시와 음악은 서로 떼려야 뗄 수 없는 관계였다.

한편, 르네상스 시대에는 작곡가들이 조금 더 구조적인 면과 음악 어법의 사용에 있어 더욱더 집중하였다. 그리고 리듬, 속도, 악센트부호 에 중요성을 더 두었다. 이전에는 가수가 가사를 부를 때 개인 재량에 맞게 자유롭게 부르는 경우가 많았지만, 르네상스 시대에 도래하자 작곡가들이 이러한 면모를 엄격하게 통제하기 시작하였다. 그래서 르네상스 음악가들은 시를 가사로 인용하여 시에 있는 감정을 여러 가지 음정, 멜로디 윤곽, 그리고 구성을 사용하여 표현하는 방법을 연구하고 지향하였다.

금속 활자의 탄생과 음악 인쇄술의 발전은 르네상스 시대에 있어 가장 핵심적인 요소로 꼽을 수 있다. 그 이유는 대량 제작과 복제, 그리고 유통까지 가능했기 때문이다. 1450년에 요하네스 구텐베르크에 의해 금속활자가 만들어졌다. 금속활자는 음의 순서를 자유롭게 기보하거나, 혹은 그것들을 재배치하거나, 혹은 아예 재사용도 가능하게 만들었다. 이것은 그전

의 방식인 나무 조각을 깎아서 악보를 만들거나, 손으로 악보를 따라 그려 복사하는 방식에 비해 훨씬 실용적이었으며 시간적으로도 매우 절약되었다. 이탈리아 베네치아의 출판업자인 오타비아노 페트루치 Ottaviano Petrucci 는 1501년에 첫 다성음악 모음집을 출판하였다. 이 당시 인쇄술의 발달은 파트북partbooks의 제작을 가능하게 했다.

파트북이란, 성부part 별 책이라는 뜻으로 이해하면 쉽다. 다성음악의 각 성부를 따로 한 권씩 인쇄한 악보를 이야기하며, 각 모든 성부를 한 권으로 정리한 파트북은 연주하기 위해 반드시 필요한 것이었다. 지금은 우리가 악보를 쉽게 구할 수 있지만, 그 당시 파트북은 작곡모임 장소, 그리고 교회 성가대만 소유하고 있었다. 악보 인쇄의 수요와 공급이 계속 증가하면서 16세기에는 상당히 많은 음악 출판사들이 생겨났다.

르네상스 음악의 발전은 후대에 엄청난 영향을 주었고, 그 영향이 수세기 동안 지속되었다. 16세기 음악이 17세기, 18세

요하네스 구텐베르크

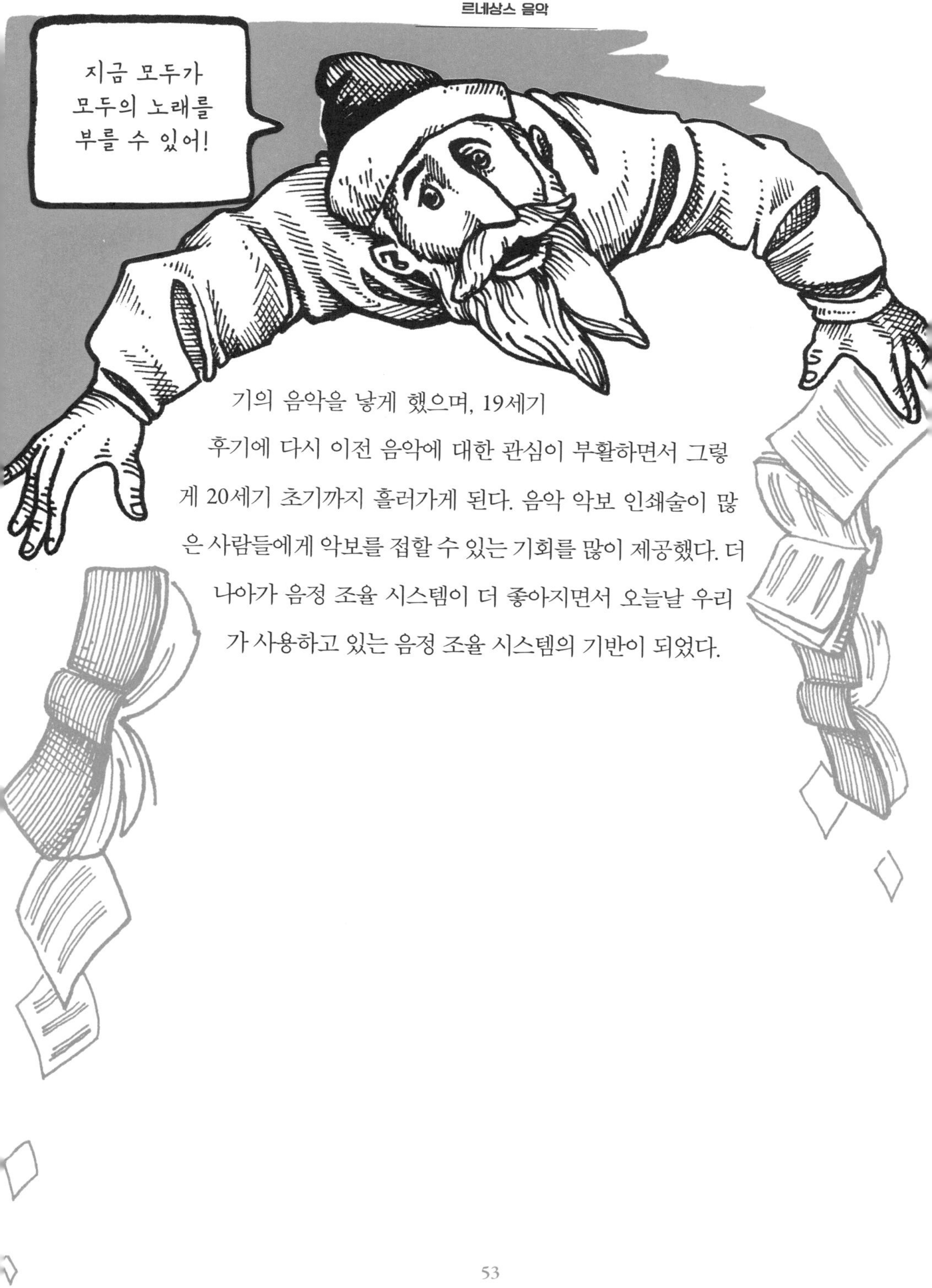

기의 음악을 낳게 했으며, 19세기 후기에 다시 이전 음악에 대한 관심이 부활하면서 그렇게 20세기 초기까지 흘러가게 된다. 음악 악보 인쇄술이 많은 사람들에게 악보를 접할 수 있는 기회를 많이 제공했다. 더 나아가 음정 조율 시스템이 더 좋아지면서 오늘날 우리가 사용하고 있는 음정 조율 시스템의 기반이 되었다.

CHAPTER 7
죠스캥
차세대 작곡가

르네상스 시대의 많은 작곡가들은 음악의 발전과 혁신에 박차를 가했다. 이 챕터에서 15세기 중반에 태어난 르네상스 음악사에 있어 기념비를 그은 몇몇 프랑코-플레미쉬플랑드르 작곡가들을 다룰 것이다. 그들 가운데 다음 세 명은 15세기 후반에서 16세기 초반에 활동을 왕성하게 하며 상당히 다작을 하였던 이들로, 야콥 오브레히트Jacob Obrecht, 1457/8~1505 , 하인리히 이자크Heinrich Isaac, 1450~1517 , 그리고 상당히 뛰어난 업적을 남긴 죠스캥 데 프레Josquin des Prez, 1450~1521 다. 이들은 국제적으로 정평이 나 있던 음악가였으며, 그들의 출생지만큼 국제적인 습성, 다시 말해 프랑스와 이탈리아의 특징이 결합되어 음악에 반영하였다.

오브레히트, 이자크, 그리고 죠스캥죠스캥의 이름 중 '데 프레즈 des Prez' 는 일종의 닉네임이었기 때문에, 죠스캥으로 많이 알려져 있다은 서로 다양한 음악적인 요소들을 공유하였다. 그 당시 음악에 사용되었던 가사들은 지금의 성악곡 형식을 낳게 할 정도로 상당한 영향력이 있었다. 다성음악의 각 성부 파트는 노래 부르기가 쉽고 다른 성부들과 동등한 중요성을 가지고 있었다. 테너 성부그전에는 정선율을 담당하던 성부였다 는 당시 베이스 성부가 생겨나면서 베이스가 그 역할을 담당했다. 베이스 성부는 테너 성부보다 더 낮은 음역대를 담당하고 있는 성부로서 화성의 뿌리가 되는 음이다.

프랑코-플레미쉬 작곡가들은 예전과 같이 세속음악과 종교음악의 선율을 차용하여 사용하였지만, 이전의 시대와의 차이점은 그 선율을 모든 성부에 걸쳐 고루고루 분포시켰다는 데 있다. 이전에는 하나의 성부만이 멜로디를 담당하고 있었다는 것은 이전에도 설명했다. 미사와 모테트는 음악 작곡에 있어 가장 중요한 형식으로 남았고, 그리고 이 당시 작곡가들은 초기 르네상스에서 가장 많이 사용되었던 정형시 형식에서 많이 탈피했다.

야콥 오브레히트는 약 28개의 모테트, 30개의 미사곡 그리고 몇몇의 세속음악과 기악곡들을 작곡하였다. 오브레히트는 아주 광범위한 모방기법을 작곡에 사용함으로써 다성음악 발전에 상당한 기여를 하였다. 초기 르네상스 시대에 성부들 사이에 모방기법을 사용하는 건 그리 흔한 경우가 아니었다. 여기서 말하는 모방기법이란 하나, 혹은 그

이제 내가
빛날 시간이다.
둠칫둠칫
BOOM
BOOM

이상의 성부들이 가장 처음 등장하는 성부의 멜로디를 똑같이 따라 부르면서 잔향 같은 효과를 주는 것을 이야기한다. 오브레히트는 이러한 모방기법을 자신의 음악에 더 적극적으로 활용하였다.

하인리히 이자크도 마찬가지로 14세기에서 15세기로 접어드는 시기에 음악계에서는 중요한 작곡가로 꼽힌다. 이자크는 유럽에서 가장 중요하고 유명한 두 명의 후원자들에게 고용되었다. 1484년에서 1492년까지 이탈리아 피렌체에서 로렌초 데 메디치Lorenzo de' Medeci의 작곡가겸 가수로 일했다. 1497년에는 신성로마제국 황제인 막시밀리안 1세Maximilian I의 궁정 작곡가로 비엔나와 인스브루크에서 일했다. 종교음악은 이자크의 음악이라고 할 정도로 아주 딱 어울리는 음악인만큼, 35개의 미사곡, 50개의 모테트 그리고 〈코랄리스 콘스탄티누스Choralis Constantinus〉 등 상당히 많이 작곡되었다. 〈코랄리스 콘스탄티누스〉는 교회에서 사용된 다성음악의 미사 고유문이 묶여 있는 다성음악곡집이다. 이자

내가 너를 부를
때에에에에
에에~~~
야콥 오브레히트

크는 다성음악 그리고 단성음악homophoic 구성을 곡이나 미사음악의 악절에 번갈아 사용하는 것으로 유명했다.

죠스캥 데 프레즈보다 더 정평이 나고 존경을 받거나 영향력을 많이 행사한 작곡가들은 많지 않았다. 죠스캥은 프랑스와 이탈리아에서 궁전과 교회에서 일을 하였다. 그의 모테트, 미사곡, 그리고 성악곡 들은 상당히 높은 평가를 받았으며, 그의 일생 동안과 그리고 사후에도 상당히 많이 연주가 되었으며, 많은 음악가들이 죠스캥의 음악을 모사하기도 하였다상당히 드문 일이다. 왜냐하면 대부분 음악은 20~30년이 지나게 되면 구시대 음악으로 간주되어 연주가 안 되기 때문이다.

죠스캥의 명성은 나날이 자자해짐에 따라, 페트루치는 죠스캥의 미사곡들을 3권으로 엮어서 출판하였고, 나름의 수요를 올리기 위해 아주 많은 양의 간행본들로 출판했다. 그에 비해 페투리치는 다른 작곡가들의 악보를 한 부 이상 출판하지 않았다. 1538년 종교개혁자로 잘 알려져 있는 마르틴 루터Martin Luther는 죠스캥과 그의 음악에 대해 높이 평가했다. "죠스캥은 음표들의 주인이다. 음표들은 그가 원하는 대로 움직인다." 다른 작곡가들은 "그들은 음표들이 원하는 대로 움직여야만 한다"라고 조언하기도 했다. 이러한 모든 것들은 죠스캥이 작곡가로서 상당한 권위를 보여줬음을 방증한다.

죠스캥이 작곡한 50개 이상의 모테트는 그만의 특별한 색

조용히 해
오브레히트!
나는 나만의
색채를 음악에
담을 줄 안다구!
하인리히 이자크

채와 자유로움, 명료한 형식, 아름다운 선율을 담고 있다. 죠스캥은 15세기 후기에 이미 모방기법과 단성음악 둘 다 사용하였다. 그는 가사를 곡에 잘 활용함으로써 그 명성이 자자해졌다고 해도 과언이 아니다. 죠스캥은 '가사그리기text depiction'와 '가사표현text expression'을 많이 사용했는데, 가사그리기란 가사가 가지고 있는 고유의 이미지를 음악으로 묘사하는 기법을 말하고, 가사표현은 가사의 정서, 감정표현을 음악을 통하여 표현하는 기법을 말한다.

지지해줘서 고마워 마틴.
죠스켕 데 프레
마르틴 루터

음악으로 감정과 음악 외적인 요소를 표현하는 것은 고대 그리스인들에게는 흔한 것이었다. 하지만 고대 시대와 15세기 후반 사이에 이러한 철학은 그동안 작곡가들에게는 별로 필요없었거나, 아니면 효과가 없는 것처럼 간주되었다. 만약 과거에 작곡가들이 이러한 시도를 했었다면, 아마 우리는 작곡가들의 의도를 이해하기가 쉽지 않았을지도 모른다. 죠스캥은 모테트뿐만 아니라 미사음악에도 상당히 훌륭했다. 그의 미사곡은 미사 사이클 미사 통상문 전체를 하나로 묶은 것이라는 미사음악의 장르에서 차용하였다. 미사 사이클은 5개의 미사통상문, 다시 말해 자비송, 대영광송, 사도신경, 상투스, 하느님의 어린 양 총 5개의 악절로 구성되어 있다.

초기 미사는 두 개의 악절 사이에서 음악적 연관성을 만들었고, 15세기 미사 사이클은 반복적인 음악적 재료로서 모든 악절을 통합하였다. 초기 미사 사이클은 단선율 멜로디를 하나의 성부 혹은 모든 성부에 걸쳐서 곡을 시작하는 방식이었고, 이것을 '모토 미사 motto mass'라 한다. 혹은 한 성부에 동일한 정선율을 사용하는 방식도 많이 있었는데 이것을 '정선율 미사 cantus-firmus mass'라 하며 순환 미사라고 부르기도 한다. 죠스캥은 모테트, 샹송 등 다양한 곡에서 차용하여 미사를 작곡했다는 점은 상당히 혁신적이었다. 다른 다성음악을 모방하는 기

법인 '패러디 미사parody mass'는 그의 가장 최고 업적으로 꼽힌다. 그는 기존의 정선율 멜로디를 차용하여 그대로 모방한 것이 아니라, 이를 변형시켜서 모든 성부 혹은 하나의 성부에 걸쳐서 사용하는 기법을 사용하였다. 이것을 '패러프레이즈 미사paraphrase mass'라 부른다.

이 두 가지의 미사가 전~혀 다를 것이 없는 것처럼 보일 수 있지만 사실 맞다! 단 하나의 차이점이 있다면, 패러디 미사는 모테트와 같은 다성음악에서 소스를 차용하였고, 패러프레이즈 미사는 상송과 같은 단성음악에서 소스를 차용했다.

15세기는 올드함과 새로움이 모두를 나타나는 시기였다. 정형시 형식이 이 시기에 절정을 달했고, 후에 결국 자유로운 작곡 형식이 유행하면서 둘 사이의 거리가 벌어지게 되었다. 음악에서 노래 부분의 음역대가 상당히 확장되었으며, 성부들이 각자 동등한 중요성을 가지며 독립적인 위치를 가지게 되었다. 모방기법이 갈수록 더 흔해지게 되었고, 여러 음악적인 요소를 차용하는 기법이 상당히 자유로워지게 되었다. 죠스캥과 그의 동시대 사람들은 가사, 형식, 낭독, 묘사, 그리고 표현에 상당히 중점을 두었다. 음악의 새로운 기술과 인쇄술은 음악사에서 죠스캥을 그의 세대는 물론, 르네상스 시대를 통틀어 가장 훌륭한 작곡가의 지위로 굳건하게 명시해 놓았다.

CHAPTER 8

종교개혁 그리고 음악에 미친 영향

16세기 초기에 거의 모든 유럽이 단 하나의 성당에 의해 뭉쳐지게 된다. 그 성당은 로마에 있었고 유럽 전 지역의 모든 통치자들의 후원을 받은 곳이었다. 16세기 중반에 들어, 중세시대부터 지속되어 왔던 성당에 대한 굳건한 신앙은 더 이상 온전하지 않게 된다. 단순히 신학적인 논쟁으로 시작했던 것이 가톨릭 성당에 대한 반란으로 급속도로 퍼져나가, 지금 우리가 아는 종교개혁이 되었다. 종교개혁은 독일의 마르틴 루터에서 시작하여 북부유럽까지 퍼져나가게 되었다. 프랑스에서 장 칼뱅이 주도하여 일어난 칼뱅 운동은 스위스를 걸쳐 유럽 북해 연안의 나라들, 더 나아가 급기야 프랑스를 넘어서 영국까지 급속도록 퍼지게 된다.

특히 영국에서 정치적인 색깔을 띤 교회들은 헨리 8세의 후원 아래 영국 종교개혁을 주도해나가기 시작했다. 마르틴 루터가 가톨릭교회 교리의 상당 부분 잘못된 점을 지적하며 종교개혁의 당위성을 전파했지만, 사실 우리는 음악사를 공부하고 있지 않은가? 우린 종교개혁이 음악에 어떠한 부분에 영향을 미쳤는지를 살펴볼 것이다. 루터는 그가 만든 교회에서 사람들이 큰 역할을 맡을 필요가 있다고 생각했다. 그러면 많은 사람들이 교회에 참석하게 만들 요소가 있어야 하는데 과연 무엇이었을까?

루터는 예배식을 주도하고 있는 언어인 라틴어를, 사람들이 알아듣고 말함으로써 같이 참여할 수 있는 그 사람들의 지방 언어에 맞게 통역을 하는 것이 무엇보다 중요하다고 생각했다. 물론 루터는 라틴어를 전부 다 없애지는 않았다. 유아와 청소년 들의 교육을 위해서 필요한 라틴어는 남겨 놓았다. 아이러니컬하게도, 루터는 종교개혁이랍시고 상당히 야단법석을 일으킨 인물임에도, 그는 가톨릭 예배식을 상당 부분 지키면서 루터교의 예배식에 차용하였다. 루터 교회들은 여전히 가톨릭 성가와 다성음악을 사용했는데, 물론 몇몇 가사들이 독일어로 번역돼 있거나 아예 새로운 독일어로 쓰여 있긴 했었다.

루터 자신이 음악가였기 때문에 루터교의 예배에서는 음악이 상당히 중요한 영역을 차지했다. 그는 작곡가이자 연주자였고 성악가였다. 또한 그는 프랑코-플래미쉬 작곡가들, 그 중에서도 특히 죠스캥의 다성음악을 아주 많이 극찬한 인물이었다. 그는 고대 그리스 음악의 윤리적 그리고 감정적인 특징에 관해 상당히 깊은 존경심을 가지고 있었다. 루터는 성도들이 회중 찬송과 신의 믿음과 찬미 아래서 하나가 될 것이라고 믿었다. 이것은 가톨릭 풍습과 상당히 모순적이었다. 가톨릭에서는 미사를 집전하는 신부와 성가대만이 예배 중에 노래를 할 수 있었기 때문이다.

여기서 가장 중요한 음악 형식은 루터 교회에서 파생된, 1500년대 후기부터 있었던 '코랄chorale'이라 불리는 일종의 회중 찬송가다. 오늘날의 개신교 예배와 같이, 성도들이 몇몇의 코랄을 다 같이 예배 중에 부르곤 했다. 오늘날 찬송가나 코랄은 보통 4성부로 이루어져 있는 것과는 달리, 당시에는 화성이나 반주 없이 단 한 성부의 멜로디만이 박자, 유절 형식에 기초를 두었다.

아주 짧은 기간 안에 주요 교회의 축일을 위해 모든 음악을 만드는 것은 상대적으로 매우 버거운 일이였을 것이다. 그래서 루터는 이

나는 기존
가톨릭에서 벗어나
사람들을 이끌고
종교개혁을
할 것이다

러한 종교음악의 캐논을 빠른 시간 안에 완전히 이해하고 소화할 수 있는 요소들을 찾았었는데, 그는 새로운 음악을 포함하여 3개의 요소들을 사용하였다. 바로 기존 독일의 종교음악과 그레고리안 성가에서 차용하는 것, 그리고 세속음악에 새로운 가사를 첨부하는 것이다. 이것을 '콘트라팍툼contrafactum'이라 한다.

그 덕분에 음악가는 작곡하는 데 시간을 많이 절약했을 뿐만 아니라, 기존의 가톨릭 음악을 과거와 현재를 이어주는 새로운 수단으로 사용할 수 있게 되었다. 또한 오랫동안 지속되었던 기독교 신앙의 일부분으로서 루터주의가 확고하게 자리매김하는 계기가 되었다. 자! 종합해서 보면, 루터 교회는 1600년까지 700개 이상의 코랄 선율을 예배음악으로 사용하였다.

두 번째로 가장 커다란 신교루터교에 버금가는는 바로 장 칼뱅Jean Calvin, 1509~1564이 주도한 칼뱅 운동이었다. 장 칼뱅은 루터 교회 신자들과

종교적 믿음을 공유하였다. 그것은 교황청을 거부하는 것이었다. 하지만 장 칼뱅은 그만의 종교적 믿음을 더욱더 확신했고 주장했다. 그의 종교적 신념은 모든 사람들은 선천적으로 죄인으로서, 그리고 구원을 받아야 하는 대상으로서의 숙명을 가지고 태어났다는 점이었다.

칼뱅 교회는 유럽 전역에 널리 퍼지게 되었고, 스코틀랜드의 장로교회, 그리고 영국의 청교도를 낳게 하였다. 칼뱅교의 가장 중요한 철칙 중 하나는 예배가 오직 신에게만 집중이 되어야 한다는 것이었다. 그래서 칼뱅 교도들은 기존 교회와 달리, 불필요하고 집중을 산만하게 하는, 혹은 화려한 요소들을 배제하게 된다. 예를 들어, 장식용 그림, 조각품, 스테인드글라스, 악기, 그리고 다성음악들이 금지되거나 상당히 엄격하게 통제되었다.

루터가 성경구절이 아닌 것들을 음악가사로 인용하는 것과 다르게, 칼뱅은 오직 성경에 있는 구절만 특히 시편의 구절을 가사로 많이 인용하였다. 사실, 시편은 가사로 인용하기에는 길이가 균일하지 않기 때문에 모든 회중들이 함께 부르기는 꽤 어려웠다. 이러한 것의 해결방안으로 칼뱅은 '운문 시편metrical psalm'을 사용하였다. 운문 시편은 기존의 성가 혹은 새로운 선율에 맞게 박자, 운, 유절 시편이 각 나라 혹은 지방의 방언에 맞게 바뀌는 것을 이야기한다. 이 운문 시편은 여러 개로 묶어져서 시편psalter 라는 이름의 책으로 출판되었다.

이제 세 번째의 신교에 대해서 이야기하자면 16세기 영국의 성공회를 거론하지 않을 수가 없다. 영국 성공회는 어쩌면 상당 부분 헨리 8

세의 정치성에 의해 만들어졌다. 헨리 8세의 아내였던 캐서린 아라곤 Catherine of Aragon 과의 부부관계가 교황청과의 분쟁을 일으키는 사건으로 확대되었다. 헨리 8세와 교황청과의 분쟁은 교회음악에도 영향을 미치면서, 영국의 성공회 음악이 아주 과감하게 바뀌게 되고 새로운 형식의 음악으로 발전하게 되었다. 이 음악은 오늘날에도 여전히 성공회에서 사용되고 있다. 물론 군주제 형태였기 때문에, 라틴 모테트와 미사곡 작곡도 허용이 되었다. 사실 퀸 엘리자베스 1세Queen Elizabeth I 는 전통 라틴어로 된 다성음악 성가를 중요하게 생각해서 몇몇 교회에서 이를 사용할 수 있게 허락하기도 했다.

만약 꼭
음악을 사용해야
한다면, 시편으로
만든 음악을
사용해라.
장 칼뱅

16세기 초중반에 중요한 작곡가로 존 태버너John Taverner, 1490~1545 , 토마스 탈리스Thomas Tallis, 1505~1585 , 윌리엄 버드 William Byrd, 1540~1623 가 있다. 이들은 르네상스 후기에 상당히 저명한 작곡가로서 알려져 있다.

버드는 상당히 많은 영국 성공회 교회음악을 작곡하였다. 대예배에서 시편, 풀 앤섬합창곡 까지 말이다! 버드는 그의 라

난 내가 아내들을
좋아하는 만큼
작곡가들을 좋아해,
사람들이 많을수록
더 즐거운 법이지!
헨리 8세

틴어 미사곡과 모테트로 가장 잘 알려져 있다. 영국 왕실에 의해 모든 종교개혁이 통치되고 있었지만, 버드는 아주 독실한 가톨릭 신자로 평생 살았다.

그 당시 가톨릭 신자로 사는 것은 반역행위였고 사형에 처해졌다. 그럼에도 버드는 많은 가톨릭 예배음악을 작곡했으며 은밀하게 미사곡을 올렸다고 한다. 다행스럽게도 버드는 엘리자베스 여왕의 충신이었기 때문에 여왕의 보호 안에서 안전할 수 있었다. 버드의 가톨릭 교회와 영국 교회의 분열된 충성심은 가톨릭과 영국 성공회의 음악 양쪽에 각인되면서 유럽 전역에 걸쳐 더 큰 종교적 분열을 낳은 결과를 낳았다.

신교의 종교개혁에 대응하여 가톨릭 교회는 반종교개혁을 실행하게 된다.

트리엔트 공의회 1545~1563 는 미사음악에 쓰인 다성음악을 금지하는 권고를 발의하였다. "우리 모두 악기나 목소리가 섞이는, 음탕하고 불순한 교회음악을 멀리합시다!" 사실 의회는 다성음악의 가사가 모두에

더 이상 세속적인
다성음악은
안 돼!

게 있어 명료하고 이해하기 쉬운 가사로 되어 있을 때, 예외적으로 허용했다. 죠반니 피에르루이지 다 팔레스트리나 Giovanni pierluigi da Palestrina, 1525, 6~1594는 당시 이탈리아 교회음악의 대표적인 작곡가로 다성음악을 금지와 비난에서 구제한 인물이었다. 특히 그의 6성 미사인 〈교황 마르첼루스의 미사〉는 상당히 경건한 음악이고 가사 또한 매우 명료했다.

'음악의 왕자'라는 호칭이 팔레스트리나를 따라다녔다. 그의 음악은 교회음악의 완벽한 본보기로 알려져 있다. 그는 104개가 넘는 미사곡을 작곡하였고, 역시 상당히 많은 양의 모테트를 작곡한 음악가였다. 팔레스트리나의 음악은 아름답고 우아하며 쉽게 부를 수 있는 선율로 되어 있었으며, 불협화음도 매우 조심스럽게 사용되었다. 가사그리기를 아주 교묘히 사용하여 가사를 배열했던 팔레스트리나의 작곡 방식은 지금까지도 아주 잘 전해지고

자! 이 부분이
들릴 때까지
기다리세요!

팔레스트리나

있다. 후세대의 음악가들이 팔레스트리나 음악을 상당 시간 동안 연구한 덕분에, 그것은 17세기 작곡가와 학자 들에게 스틸레 안티코 Stile antico, 고대 스타일의 정수가 되었다.

CHAPTER 9

저녁 만찬에 매번 등장하지는 않은 마드리갈과 세속음악

16세기 종교분쟁과 종교개혁이 미친 음악적인 영향이 유럽 전역에 걸쳐 커지는 동안, 음악가들은 그들 나라의 색깔과 정체성이 담긴 새로운 세속음악을 만드는 데 박차를 가했다. 음악과 시의 상호작용이 점점 중요해졌는데 특히 감정, 시각적인 이미지, 그리고 시의 운율적인 요소를 음악에 도입하는 데 신경을 많이 썼다. 1501년 인쇄기술의 획기적인 발전으로 인하여 16세기에 더 많은 곡들이 인쇄가 되었고, 이는 유럽 전역에 걸쳐 세속음악이 더 많이 퍼질 수 있는 전기를 마련했다.

16세기 세속음악의 형식은 아주 다양했다. 그 음악의 양식, 형식, 그리고 이름은 작곡가가 살았던 특정 지역에서 유래되는 경우가 많았다.

스페인에서는 '비얀시코Villancico'를 많이 썼고, 이탈리아에서는 '프로톨라frottola', 그리고 프랑스인들은'상송chanson'을 많이 작곡하였으며, 이탈리아인과 영국인 들은 그 유명한 '마드리갈'을 작곡하였다. 스페인의 페르디난드와 이사벨라의 왕궁에서는 음악이 매우 중요한 지위를 차지했으며, 스페인 왕궁은 스페인 음악을 통합시키기 위해 독특한 스페인만의 색깔이 담겨 있는 음악 작곡을 촉진하였다.

비얀시코는 짧은 유절 형식의 노래이며 보통 투박한 시골을 테마로 하거나 대중적인 주제를 표현한 노래였다. 비얀시코는 곡마다 형식이 조금씩 달랐지만, 공통적으로 후렴구와 하나 혹은 그 이상의 연으로

구성되어 있었다. 주로 섹션마다 대조적이며, 반복되는 후렴구가 곡을 끝맺음하게 되었다. 곡의 멜로디는 항상 음역대가 제일 높은 부분에 있었으며, 다른 성부 파트는 부르거나 악기로 연주가 될 수 있는 형식이었다. 이 당시 많은 비얀시코 곡집이 출판되었으며, 솔로 보이스와 류트 반주로 연주될 수 있게끔 만들어졌다.

이탈리아 프로톨라는 스페인 비얀시코와 상당히 비슷했다. 유절 형식의 노래이고 선율이 가장 윗부분의 음역대에 음절별로 입혀져 있었다. 프로톨라는 한 성부에서만 노래를 부르며, 다른 성부는 악기가 연주한다. 비얀시코처럼 주제가 시골스럽거나 대중적이지는 않았지만, 상당히 풍자적인 주제의 가사가 많이 인용되었다. 이러한 특징을 가지고 있는 프로톨라는 이탈리아 왕궁에서 상당히 유행했으며, 이탈리아 작곡가들이 압도적으로 많이 작곡하는 장르가 되었다.

16세기 이탈리아에서 가장 오랫동안 흘러나왔던 노래는 단연코 마드리갈이다. 단언컨대 마드리갈은 16세기 르네상스 역사에서 가장 중요한 음악 장르라고 할 수 있다. 이 마드리갈은 음악사적 특징이 분명했는데, 가사가 가지고 있는 고유의 감정을 고조시킴으로써 작곡가들에게 가사를 음악적으로 다루는 법을 제시했다. 작곡가들은 가사의 모든 뉘앙스에 맞는 곡조를 강조하는, 기존에는 거의 사용하지 않았던 방법을 시작했다. 마드리갈의 표현성, 드라마, 그리고 이미지는 서양음악사에서 이탈리아가 음악적인 선점을 하는 전기를 마련했을 뿐만 아니라, 오페라와 같은 극음악의 발전에도 상당히 이바지하였다.

수백 년 동안 많이 사용되었던 정형시 형식은 이젠 과거의 유물이 되었다. 음악과 시적인 가사가 특정 패턴으로 반복되는 게 정형시 형식이라는 것을 기억해보자. 심지어 비얀시코와 프로톨라도 유절 형식이었다 각 절에 맞게 반복되는 음악. 마드리갈은 각 가사의 구절마다 새로운 음악을 입혀서 작곡되었다. 마드리갈에 사용된 시는 소네트에서 자유 형식까지 매우 다양했다. 유명한 시인인 프란체스코 페트라르카 Francesco Petrarca, 1304~1374의 시를 포함하여 여러 시가 마드리갈에 주요 소스가 되었다.

마드리갈리스라고 불리는 마드리갈 작곡가들은 시의 아이디어, 이미지 그리고 감정 들을 최대한 생생하게 음악을 통해 구현하려고 노력하였다. 가장 초기 마드리갈은 4성부로 작곡되었는데 이 당시에는 말 그대로 한 성부 당 한 명의 성악가가 노래를 불렀다, 후에는 5성부, 6성부 혹은 그 이상으로 확장되었다. 이러한 마드리갈들은 이탈리아에서 아주 극도로 유행했으며, 가수들은 그들만의

난 아마 이탈리아에서 가장 잘나가는 시인이 되겠지. 하지만 너는 너가 곡을 쓰기 전까지는 유명인이 아니란다.

페트라르카

유흥을 위해, 혹은 사회모임에서나 만찬 후, 그리고 학술모임에서도 자주 부르곤 하였다.

마드리갈의 영향력은 이탈리아에만 국한된 이야기가 아니었다. 이탈리아의 악보는 영국까지 나아갔으며, 영국 작곡가들이 이윤 창출의 희망을 가지고 그 스타일로 곡을 쓰게 하는 원동력이 되었다.

16세기 영국에서 유래된 중요한 곡이 있었으니 그것이 바로 류트곡lute이다. 류트 곡은 악기 반주가 대동하는주로 류트 반주다 독주 노래를 이야기한다. 가사 낭독에 있어 그다지 표현력이 뛰어나지는 않았지만, 류트곡은 인간의 습성, 즉 그 가사가 가지고 있는 감정선을 더 표현하는 것을 지향했다.

사실 마드리갈은 이탈리아를 유럽 음악의 선두주자로 내세우게 하는 기여를 했다. 앞으로 있을 바로크 시대까지 음악의 선두주자로 자리매김하게 된다. 아주 공들여서 집중한 가사그리기와 가사표현이 새로운 단계에 도달하게 되면서, 그런 기법들이 더욱더 음악의 극적 요소로 이어갈 수 있도록 만들었다. 이것이 곧 오페라로 가는 새로운 길을 트게 만들었다. 물론 마드리갈이 대중성에 있어서 다양한 이견이 있었지만, 성악음악에 있어서 엄청난 효과와 지속적인 영향을 주었다는 점은 의심할 여지가 없다.

CHAPTER 10

악단의 본격화
기악음악의 무대화

지금까지 성악음악을 거의 독점적으로 다루었다. 왜냐하면 16세기까지 작곡가들이 가장 많이 쓰던 음악이 성악음악이었고, 가끔씩 기악의 반주가 붙는 정도였기 때문이다. 그렇다고 해서 기악음악이 완전 소외되었냐고? 천만에 그건 아니었다. 하지만 무곡에서 팡파르fanfare 의 용도로 쓰이는 게 고작이었고, 오로지 기악음악만을 연주하거나 듣지는 않았다. 교회와 후원자 들의 주도 하에 기악음악의 발전이 1500년대에 점점 눈에 띄게 증가하면서, 특히 이 시기부터 새로운 악기가 탄생하기까지 기악음악의 보존과 보급은 인쇄물을 통해서 지속되었다.

르네상스에서 기악음악은 꽤나 다양한 상황에서 쓰였는데, 공적인 행사, 종교적인 행사, 사회 모임에서의 유흥, 그리고 춤의 반주까지 그 범위가 꽤나 다양했다. 대체로 르네상스 기악음악은 총 5개로 분류할 수 있는데, 춤, 음악, 기존 성악음악의 편곡, 선율의 변주 그리고 꽤나 추상적인 기악음악 등이다.

춤은 유럽 르네상스의 사회문화에서 꽤나 하이라이트였다. 유럽 상류층이 춤에 관한 지식을 가지고 있을 정도로 말이다. 즉흥 연주를 하거나 암보로 연주를 하는 것에 덧붙여서, 악기 연주자들은 류트나 키보드를 위한 악보 출판물을 보고 연주하기도 하였다.

출판된 춤음악, 다시 말해 무곡은 르네상스에서 하나 혹은 두 가지의 용도로 사용되었다. 첫 번째, 앙상블연주자들로 구성된 그룹을 말한다 을 위해 쓰인 무곡 같은 경우는 단순히 무용수들의 반주를 위한 용도로 쓰였다. 두 번째, 솔로 류트나 키보드를 위한 무곡들은 연주자나 그 음악을 듣고 있는 청자들의 유흥을 위해 작곡되었다. 앙상블 무곡은 보통 악기 하나가 선율을 연주하고 나머지는 반주 형태의 아주 단순한 곡이었다. 하지만 독주 무곡은 상당히 양식화되었기 때문에 화려한 반주가 등장하게 된다. 어쨌든 무곡은 기존에 있었던 무곡의 형식을 많이 차용하였으며 악보에 기보되어 있는 빠르기, 박자, 리듬 패턴까지 그대로 사용하였다. 기악음악의 중요한 소스가 되었던 또 다른 것은 아이러니컬하게도 기존에 있었던 성악음악이었다. 상당히 역설적으로 들리지 않는가?

이전에는 성악음악에서 연주자들이 성악가들의 멜로디를 중복하여 같이 연주하는 경우가 흔했었다. 하지만 16세기에 들어서 앙상블이 성

악음악을 성악 파트가 없이도 연주하면서 이런 연주 스타일이 점점 더 유행하게 되었다. 키보드와 류트 연주자 들도 마찬가지로 즉흥연주를 하거나, 출판 악보를 보고 연주를 하였는데 그 출판 악보를 '태블러처intabulation'라고 불렀다. 여기까지 살펴본 여타 다른 성악음악처럼, 기악음악도 기존에 존재했던 선율을 기반으로 하여 많이 작곡되었다. 이전에 다뤘던 패러디 미사와 상당히 흡사하다. 교회 오르간 연주자들도 그 당시에는 흔히 즉흥연주를 하거나, 기존 그레고리안 성가나 다른 예배음악을 기반으로 해서 작곡과 연주를 하기도 했다. 루터 교회는 독일 코랄을 주요 소재로 많이 사용하였다. 코랄 구절은 상황에 따라 달라지기도 했는데, 회중찬송을 할 때에 맞는 구절과 성가대와 오르간 편성에는 오르간 파트가 코랄의 일부분을 인용하여 즉흥연주를 하기도 했다.

기존 멜로디로 즉흥연주를 하는 것을 매우 귀중하고 소중하게 여졌기에 상당히 가치가 있었다. 이 즉흥연주는 춤을 반주하는 데 있어 필수적으로 중요한 역할을 담당했다. '변주 Variations'는 16세기의 가장 흔한 즉흥연주의 형태라고 할 수 있다. 보통 악기 연주자가 시작할 때는 기존의 멜로디를 가지고 연주를 하거나, 즉석에서 만들어서 시작하기도 했다. 그리고 연주자들은 기존 테마의 변주를 계속 쉼 없이 연주했다.

이러한 악기 연주법은 기존 음악에서 신선함과 흥미를 더했으며, 연주자들의 뛰어난 연주 기량을 요구했다. 첫 번째에서 네 번째 카테고리까지는 성악 혹은 무곡에 기반을 둔 음악이었다면, 이번에는 추상적인 기악음악이었다. 작곡가들은 이 음악을 오로지 자신의 욕망으로 작곡을 하여 추상적인 기악음악이라고 생각했다. 키보드 즉흥연주의 음악 형식이 있었는데 '토카타 toccata, 이탈리아어로 연주하다toccare 라는 뜻이다' 가 바로 그것이다. 이 토카타라는 이름은 듣는 청자들로 하여금 실재 인물로 인해 만들어졌다는 착각하게 만드는 것을 의미한다. 다른 기악음악은 '리체르카레 ricercare, 이탈리아어로 탐구하다, 라는 뜻이다'가 있다. 성악의 모테트와 이탈리아의 칸초네처럼 모방적인 기법이 많이 들어 있는 게 특징이다.

르네상스의 기악음악을 다룬 이 챕터가 조반니 가브리엘리 Giovanni Gabrieli, 1555~1612를 안 다루고 끝내는 것은 조반니에 대한 예의가 아니다. 가브리엘리는 이탈리아의 베네치아에 있는 산 마르코 대성당에서 교회 음악가로 활동했다.

류트 하나로?
안 돼,
2개, 5개,
100개까지!

조반니 가브리엘리

특히 그의 음악은 베네치아 교회음악 매우 웅장한 바실리카의 아름다움을 많이 표현했는데, 많은 성가대와 앙상블이 가브리엘리의 음악을 연주할 정도로 대중적 인기도 있었다. 2명 이상의 많은 성가대를 위한 곡을 '합창 모테트 polychoral motets'라고 한다. 가브리엘리 이전에는 성가대가 분할되어서 연주하는 곡이 거의 없었다. 하지만 가브리엘리는 이러한 분할 합창곡에 있어서 최고의 정점을 찍게 된다. 5개의 성가대에서도 분할되어 개개인마다 다른 음정을 부르게끔 작곡을 했다던가, 악기 반주에 있어서도 악기마다 각기 다른 선율을 연주하는 기법을 발휘했다.

성가대가 각각 다른 위치로 분리되기도 했는데, 그 가운데 몇은 오르간 좌석에, 교회 제단에, 그리고 몇몇은 교회의 마루에 나뉘어서 노래를 불렀다. 다시 말해, 지금의 서라운드 음향으로 이해하면 쉬울 것이다. 기악음악이 16세기에 들어 주요 음악으로서 무대에 올랐다는 것은 상당히 의미가 깊다. 그런 영향력 덕분에 17세기의 심포니, 그리고 18세기에 교향곡이 등장할 수 있게 되었다.

*여기서 말하는 키보드란, 하프시코드를 이야기한다. 르네상스 시대의 건반 악기 중에는 하프시코드가 주요 악기였다. 하프시코드는 보통 하나 혹은 그 이상의 단으로 되어 있고 건반을 누를 때 깃촉이 줄을 뜯으면서 소리를 내는 원리였다. 우리가 지금 사용하는 현대의 피아노는 조그만 해머가 줄을 때리면서 소리가 난다는 점에서 비교가 될 수 있다.

III

바로크 시대 : 바흐와 비발디의 음악

CHAPTER 11

새로운 양식의 시작

1600년과 1750년 사이는 바로크Baroque 시대로 불렸으며, 음악, 미술 그리고 건축사에서 매우 중요한 시기이다. 바로크라는 말은 포르투갈어로 barroco, 다시 말해 일그러진 진주라는 어원에서 나온 것으로 일그러진 혹은 과장된 예술 양식을 의미한다. 1700년 중반 르네상스 초기에 균형 잡힌 스타일을 추구했던 한 비평가가 상당히 부정적인 의미로 사용했던 바로크는, 19세기 중반에 이르러서 여러 비평가들이 바로크 예술의 극적이며 화려하고 표현적 양식을 호평하게 되면서 그 의미가 긍정적으로 바뀌었다. 르네상스 음악과 마찬가지로, 150년 동안에 바로크 음악은 다양한 범위에서 발전적인 음악양식을 보여주면서 새로운 음악양식으로 발전하게 되었다.

Chatper 1에서 우리는 정동설에 대해 알아봤다. 바로크 시대의 작곡가들은 고대 그리스 음악 이래로 감정표현에 가장 많은 관심을 두면서 작곡하게 되었다. 작곡가들은 청자들에게 음악을 통해 감정을 전달하는 것을 지향하였는데, 슬픔, 기쁨 그리고 즐거움 등등 다양한 감정을 표현하려 애썼다. 이러한 감정들은 사람에게 내제되어 있는 영혼 내지 유머 혹은 기질에서 나온다고 믿었다.

이러한 감정들을 화성기법으로 표현함으로써, 사람들은 신체적 그리고 정신적인 건강함을 향유하게 되었다. 음악에 대조적인 감정표현을 대입함으로써, 작곡가들은 감정들 사이의 균형을 맞추는 데 상당 부분 도움을 받았다. 바로크 음악에서 말하는 감정표현이란 작곡가의 개인적 감정을 표현하는 것이 아니라, 조금 더 포괄적인사회적 혹은 역사적 감정표현에 중점을 두었다고 생각하면 이해하기 쉬울 것이다.

성악음악에서 작곡가들이 가사의 감정, 특징 그리고 극적인 요소를 표현하는 데 중점을 뒀다. 초기 바로크 음악의 가장 두드러지는 특징 중 하나는 바로 '제2작법seconda prattica'이다. '제1작법prima prattica'은 우리가 이미 다뤘던 16세기 다성음악의 스타일이라고 생각하면 된다.

제1작법은 가사보다는 음악의 중요성이 더 우위에 있는 작곡법을 말한다. 반면 제2작법은 그 반대라고 생각하면 된다. 가사에 내포되어 있는 의미와 감정을 탐구하고 강조하는 데 초점을 맞춘 것이다.

이러한 요소는 음악작곡법에 있어 원칙을 깨는 계기가 되었다. 그리고 불협화음을 음악에 보다 합리적으로 사용하면서 가사의 느낌과 의미를 더욱 배가하는 기법을 탐구하게 된다. 하지만 여기서 주목해야 할 것은 제2작법이 제1작법을 대체하지는 않았다는 점이다. 두 가지 모두 작곡가들이 각각 의도에 맞게 사용하였다.

대체로 바로크 시대는 초기 바로크 시대와는 상당히 구별되는 여러 양식적 특징을 보여준다. 바로크 음악의 특징 중 하나는 화음에 있어 상당한 영향을 주는 가장 높은 트레블 파트가장 높은 음역대의 성부 와 반주 부분의 가장 낮은 음역대의 베이스 라인이 뚜렷하게 드러나는 양극화 기법이다.

르네상스 양식이 모든 성부의 중요성을 동등하게 강조하며 독립적인 음악으로 바뀌었다면, 17세기 음악에는 베이스와 트레블 성부, 그리고 그 사이의 내성 성부가 채워져 있는 화성, 다시 말해 호모포니 구성으로 쓰인 음악이 많이 등장하였다.

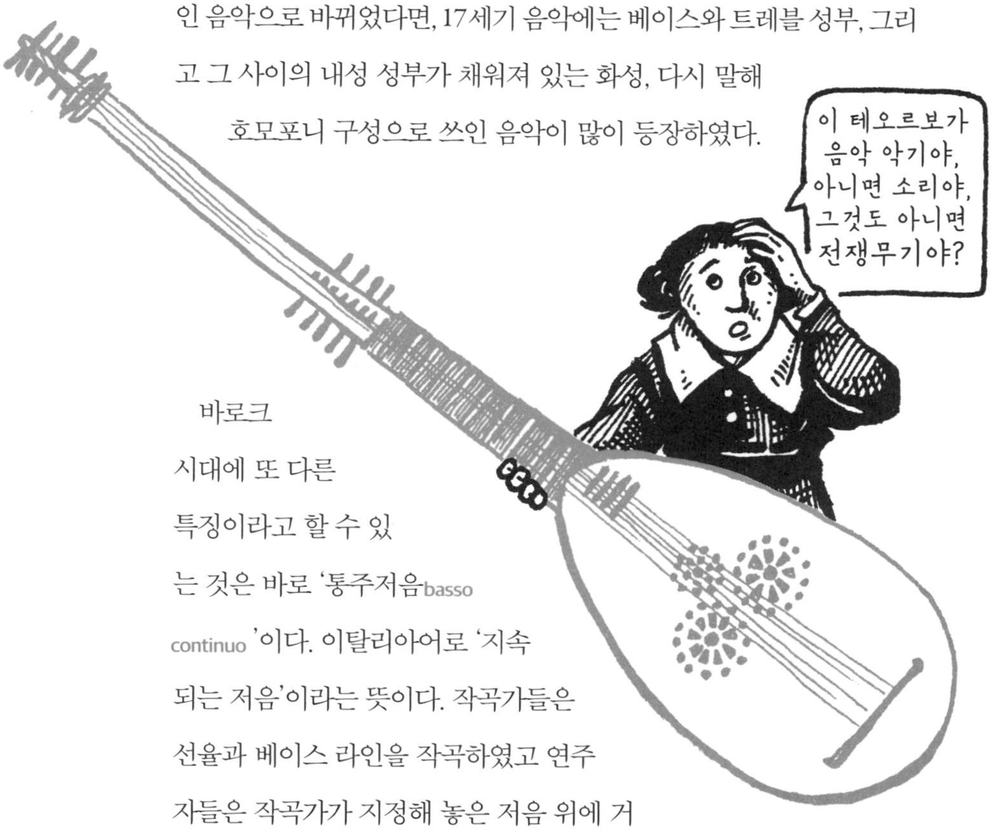
이 테오르보가
음악 악기야,
아니면 소리야,
그것도 아니면
전쟁무기야?

바로크 시대에 또 다른 특징이라고 할 수 있는 것은 바로 '통주저음basso continuo'이다. 이탈리아어로 '지속되는 저음'이라는 뜻이다. 작곡가들은 선율과 베이스 라인을 작곡하였고 연주자들은 작곡가가 지정해 놓은 저음 위에 거기에 알맞게 화성을 채워 넣어 연주했다.

통주저음이 바로크 시대 음악의 한 표준이 되었지만, 그렇다고 해서 모든 바로크 음악이 통주저음의 형태로 작곡된 것은 아니었다. 사실 통주저음의 중심 역할은 반주였기 때문에, 류트를 위한 독주곡이나 건반

악기를 위한 독주곡에는 통주저음이 필요가 없었다. 기억해야 할 것은 통주저음은 한 명의 연주자가 아닌 콘티누오 그룹이라 불리는 연주자들로 이루어진 그룹에 적용된다는 점이다. 그 그룹 내 연주자의 수는 작곡가가 규정하는 일이 사실상 거의 없었기 때문에, 연주자의 수는 간혹 유동적이었다. 그룹 내 악기도 매우 다양했지만, 악기 구성에 있어서 완전히 자유로운 것 또한 아니었다. 그 이유는 콘티누오 그룹 내에는 항상 특정 악기들로 구성되어 있었기 때문이었다.

대체로 콘티누오 그룹 내에는 적어도 하나의 건반악기를 포함하고 있었다주로 하프시코드였지만 종교음악을 연주할 때에는 오르간을 연주하기도 했다 . 비올라 다 감바 혹은 첼로와 같은 베이스 현악기도 있었다. 게다가 콘티누오 그룹엔 류트나 테오르보와 같은 일종의 현을 퉁기는 악기도 포함되어 있거나, 바순과 같은 저음부를 강화하기 위해 저음을 담당하는 관악기가 포함되기도 했다.

베이스 라인 밑에 있는 '숫자 저음'이라 불리는 기호가 있었는데 연주자들을 위해 그 기호를 기보함으로써 화성을 알려주는 용도로 쓰였다. 이러한 숫자 저음은 곡의 해석을 상당히 넓혀주는 역할을 했다. 여기서 말하는 해석이란 곡을 다양한 스타일, 연주자의 다양한 개성, 그리고 기술 등 종합적으로 생각한 것이다.

숫자 저음은 일반적으로 즉흥연주에 많이 쓰였기 때문에, 그만큼 연주자들이 음악을 해석하는 데 있어 상당히 자유롭게 해주었다. 통주저음 연주자는 처음에는 베이스 라인만 연주하면서 곡을 시작했지만 통주저음을 기반으로 한 몇몇 화성을 넣으면서 연주하기도 했다. 연주자는 트레블 성부의 선율을 필요에 따라 자신의 스타일에 맞게 꾸밈음ornaments, 선율을 꾸미거나 변화를 주는 데 사용되는 음표 을 활용하면서 연주하기도 하였다.

이전의 작곡법과 다른 바로크 음악만의 작곡 특징이 더 있다. 17세기 작곡가들은 악기와 성악이 다른 멜로디를 동시에 연주하는 곡을 자주 썼다. 이것은 르네상스 음악과는 확연히 구별되는 요소로 새로운 음악을 향한 출발점이라고 할 수 있다. 르네상스 음악에서 악기는 보통 성악 멜로디 부분을 똑같이 함께 연주하거나, 성악곡이지만 성악이 빠지고 선율을 똑같이 연주하는 음악이었다.

다시 바로크 시대로 돌아와서, 악기와 성악이 각각 따로 자기 멜로디를 연주하는 이 요소는 '콘체르타토 미디엄concertato medium '이라는 양식을 낳게 했다. 이탈리아어 concertare 에서 유래되었으며, 일치하다, 라는 뜻을 가지고 있다. 이 콘체르타토 미디움의 핵심은 바로 대조되는 성악과 기악이 '콘체르토concerto ' 라는 상당히 조화로운 음악작품을 낳았다는 데 있다. 17세기 이후에는 콘체르토, 다시 말해 협주곡이 악기와 오케스트라를 위한 음악이라고는 했지만, 적어도 17세기에서는 그 의미가 매우 광범위하게 사용되었다.

바로크 음악의 또 다른 두 가지의 특징은 바로 꾸밈음과 선법에서 조성을 기본 체계로 사용하기 시작했다는 점이다. 르네상스 시대에 꾸밈음이 잘 쓰이지 않았지만, 바로크 시대에 꾸밈음은 표준화가 되었다. 연주자 개인의 방식을 보여주는 것 외에 꾸밈음도 감정을 표현하는 데 많이 쓰였다. 꾸밈음은 몇몇 특정음에 트릴trill, 2도 차이 나는 음 사이를 빠르게 전환하는 꾸밈음을 더하는 등 부분적으로 나타나기도 했지만, 아예 하나의 규모가 큰 악절passage로 등장하기도 했다.

'카덴차cadenza'가 대표적인 예다. 카덴차는 아주 정교하며 상당히 많은 꾸밈음이 들어간 음악 섹션으로 연주자의 수준 있는 기교가 요구되는 높은 기술이다. 카덴차는 보통 곡의 마무리 부분에 등장하였다.

중세와 르네상스 시대를 거치면서 상당히 오랫동안 지속되었던 교회 선법은 더 이상 음악의 독특한 특징으로 자리매김하지 못했다. 그 대신 작곡가들은 화성체계를 도입하여 우리가 지금 이야기하는 '조성음악tonal music' 체계를 만들었다. 오늘날 흔히 말하는 장조major, 단조minor가 조성음악에 속하는 개념이다. 결국 통주저음과 같은 바로크 음악의 특징은 유행에 뒤쳐져 사라지게 되었지만, 조성음악과 같은 특징은 여전히 오늘날에도 쓰이고 있다.

CHAPTER 12

17세기의 실내악과 교회음악

17세기 음악은 매우 구체적이고 세분화되어 발전했다. 세속음악은 사교모임, 유흥의 목적을 위해 연주가 많이 되었고, 종교음악은 교회에서 연주가 많이 되었다. 유럽의 음악 혁신에서 이탈리아의 실내악과 교회음악은 17세기에도 계속 번성하기 위해 기존 음악양식을 리드하는 역할을 담당했다. 오페라가 이탈리아 베네치아의 대표 음악이었지만 그렇다고 해서 세속음악이 그 외적인 음악이 된 것은 아니었다. 세속음악을 즐기는 사람들 역시 급증하였으며 세속음악을 위한 작은 공연장도 생겨나기 시작했다. 이 당시에는 아마추어 역시 앙상블 혹은 성악음악을 연주하였으며 그 음악을 듣는 동료들의 만족감은 덤이었다.

유절가곡은 대중에게 계속 인기가 있었지만 상류층들은 마드리갈, 무곡, 극적인 음악의 특성을 고루고루 가지고 있는 다양한 스타일과 형식의 음악을 즐겼다. 자, 여기서 17세기의 모든 세속 성악음악을 다루는 것은 한계가 있다. 그러므로 이 챕터에서는 콘체르타토, 바소 오스티나토 basso ostinato 및 칸타타 총 세 가지에 중점을 둘 것이다. 이전 챕터에서 콘체르타토 미디엄에는 성악과 악기 둘 다 각자의 선율을 연주하는 특징이 있다는 것을 배웠다.

이탈리아 작곡가들은 수천 곡의 성악과 바소 콘티누오 básso contínuo, 통주저음 혹은 악기가 추가로 더 들어가는 편성곡들을 만들었다. 많은 작품이 1개에서 3개 일부는 6개의 성부의 곡 때로는 더! 으로 구성되었다. 대부분 곡들이 당

시의 오페라보다 더 유명하였기 때문에, 그 당시의 곡은 곧 그 당시의 사람들의 곡이 되기도 했다.

'협주 마드리갈 concerted madrigal'은 르네상스의 무반주, 다성 마드리

갈에서 크게 벗어났다. 16세기의 모방 다성음악에서 17세기의 '격양 양식stile concitato, 격정적인 스타일'까지 다양했지만, 거의 모든 협주 마드리갈은 통주저음을 많이 사용했다. 이 마드리갈은 종종 1~3개의 성부로 되어 있었지만 가끔 여기서 악기를 추가로 더 편성하기도 했다. 이는 리토르넬로ritornello, 17세기 오페라의 간주곡의 탄생까지 이어지게 된다.

협주 형식으로 된 작품들 중에는 바소 오스티나토basso ostinato, 기초저음라는 작곡법을 많이 사용하였다. 바소 오스티나토는 베이스 성부에 있는 멜로디와 화성의 패턴이 반복되는 것을 의미한다. 이탈리아인들은 이것을 많이 인정하지 않았다. 왜냐하면 이미 스페인인들이 수 년 동안 사용해왔던 것이기 때문이었다.

이 바소 오스티나토의 종류 가운데 많이 쓰이는 것이 있는데, 바로 '탄식저음lament bass'과 '샤콘느chacona, 라틴 아메리카, 스페인으로, 그리고 이탈리아의 무곡'다. 우선 밑으로 내려가는 형태의 테트라코드tetrachord는 매우 절망적이고 슬픔을 담고

있기 때문에 탄식저음이라 불렸다. 반대로 샤콘느 이탈리아어로 ciaccona 는 활기차고 생기 있다.

17세기 중반에 가장 중요한 성악 장르는 '칸타타 cantata '이며 이탈리아어로 cantare 노래하다, 라는 뜻이다. 세기 초반에 칸타타는 주로 통주저음이 붙은 세속성악곡을 가리키며 아름답고 극적인 요소가 있다는 게 특징이다. 1600년대 중반 세속 칸타타의 주요 작곡가로는 안토니오 체스티 Antonio Cesti, 지아코모 카리시미 Giacomo Carissimi, 그리고 바바라 스트로치 Barbara Strozzi 가 있다. 나중에는 칸타타는 교회에서도 불리는 성악곡을 가리키기도 했다. 바흐의 교회음악이 그 대표적인 곡이다.

악기연주가 성악에서 독립하려는 시도가 있었는데, 이것은 악기만을 위한 작곡이 증가함에 따라 나타난 결과였다. 물론 기악음악의 유형과 형식은 나라별로 상당히 다양했다. 하지만 그중에 유럽 전역에 널리 퍼진 몇몇 유형이 있었다. 17세기 중반의 가장 중요한 기악음악에는 토카타 toccata, 리체르카레 ricercare 그리고 푸가 fugue 와 건반 환상곡 keyboard fantasia, 소나타 sonata 및 코랄 전주곡 choral prelude 등이 있다. 바로크 시대의 토카타는 이전과 비교해서 교회선법 대신에 조성을 기반으로 한 화성을 사용했다는 것을 제외하고는 후기 르네상스 시대의 토카타와 별반 다르지 않다.

리체르카레와 푸가는 둘 다 작곡 과정에서 주제가 지속적으로 모방하면서 발전하는 엄격한 작곡 형식이라는 면에서 서로 상당히 비슷했다. 리체르카레는 결국 유행에 뒤쳐지면서, 푸가는 17세기 후반과 18

세기 초반에 중요한 양식이 되면서 수세기 동안 작곡가에게 영감을 주었다. 키보드를 위한 〈판타지아〉에는 리체르카레와 같이 모방기법이 많이 들어가 있었다. 형식적으로도 토카타나 리체르카레보다 훨씬 복잡하며 규모가 훨씬 더 큰 편이었다.

소나타는 17세기에 매우 광범위하게 사용된 용어로 거의 모든 악기를 위한 기악곡이었다. 17세기의 소나타는 이탈리아어의 sonare 소리내다 라는 어원에서 유래되었다. 17세기 소나타는 하나 혹은 두 개의 고음악기와 통주저음 반주로 편성된 곡이었다. 바이올린은 소나타에 항상 들어간 악기였다. 소나타 자체는 보통 그 악기가 가지고 있는 특성을 잘 보여주기 위한 곡이였다. 초기 바로크 양식의 또 다른 중요한 기악음악은 즉흥연주의 오르간을 위한 코랄 전주곡이며, 기존의 성가 또는 찬송가를 기반으로 한 곡이었다. 이 두 용어 소나타와 코랄 전주곡 는 기악음악을 설명하는 데 계속해서 등장할 것이다.

세속음악의 발전과 더불어 교회도 종교음악의 새로운 형태와 장르를 발명하는 데 중요한 역할을 했다. 특히 교회협주곡 sacred concerto 은 당시 종교음악의 주요 장르 중 하나였으며, 통주저음과 함께 종교적인 내용이 담겨있는 가사에 연극적 요소를 넣어 콘체르타토 미디움, 다시 말해 오페라 스타일을 하나로 통합했

다. 교회는 음악을 통해 교회의 메시지를 전달하기 위해 극적이고 효과적인 수단을 강구했으며, 이 역할을 효과적으로 가능하게 해준 것이 교회협주곡이었던 셈이다.

교회협주곡에는 여러 합창단과 악기들의 편성으로 작곡된 대규모 형식과 오르간, 악기 또는 두 명의 솔로이스트로 구성되어 있는 소규모 형식이 있었다. 교회협주곡을 포함하여 당시의 모든 종교음악은 르네상스 시대의 작곡 스타일 지금의 스틸레 안티코[stile antico] 혹은 구양식 보다 현대적인 작곡 스타일 스틸레 모데르노[stile moderno], 신양식 을 사용하였다.

17세기 로마에서 극적인 요소가 들어가 있는 새로운 종교음악이 등장했다. 이것을 '오라토리오 oratorio'라고 한다. 오라토리오는 이탈리아어 oratorio에서 유래되었으며, 신도들이 모여서 기도하고, 설교를 듣고, 경건한 노래를 부르는 작은 기도홀을 가리킨다. 오라토리오는 서사, 대화, 해설의 요소를 모두 가지고 있는 음악이라는 점에서 상당히 혁명적이었다.

지아코모 카리시미

처음에는 오페라와 비슷하게 보일 수도 있지만 오페라와는 결정적인 차이점이 몇 가지가 있다. 첫째, 오라토리오는 종교적이었다. 둘째, 오라토리오는 거의 무대에서 연주되지 않았으며 또한 오페라처

하인리히 쉬츠

럼 연기를 하지도 않았다. 초기 바로크 시대에서 오라토리오의 주요 작곡가로 지아코모 카리시미 Giacomo Carissimi, 1605~1674였으며, 바로크 후기의 G.F 헨델, 그리고 고전파의 프란츠 조셉 하이든 등이 있었다. 이들은 음악사에서 오라토리오의 꽃을 피게 한 장본인들이었다.

루터 교회에서는 하인리히 쉬츠 1585~1672가 이탈리아 양식의 선두주자로 알려져 있다. 그의 종교음악에는 시편 가사와 다른 종교 음악, 특히 〈다비드의 시편 Psalms of David〉과 〈성가집 Cantiones sacrae〉이 대표적인 작품이다. 쉬츠는 또한 〈사울아, 왜 나를 핍박하느냐? Saul, was verfolgst du mich?〉와 같은 대규모 협주곡, 여섯 명의 성악 솔로이스트, 두 명의 바이올리니스트, 그리고 통주저음 악기를 위한 곡을 썼다.

쉬츠가 작곡한 또 다른 걸작의 작품은 〈히스토리아 historia〉가 있으며, 이 곡은 성경 이야기를 기반으로 한 것이다. 그는 크리스마스 이야기와 그리스도의 일곱 가지 마지막 말씀 The Seven Last Words of Christ을 바탕으로 〈히스토리아〉를 작곡하였다. 가장 유명한 작품은 〈수난곡

passion 〉이다. 이는 십자가 처형을 당한 예수의 고통과 죽음을 이야기 하는 곡이다. 오라토리오는 후기 바로크 시대의 작곡가들에게 중요한 장르가 되었으며, 20세기에 들어 다시 재등장하게 된다.

CHAPTER 13

17세기의 세계 음악

이전의 여러 챕터에서 형식과 장르를 주로 다뤘었지만, 바로크 시대 중후반의 음악을 제대로 이해하기 위해서는 당시 국가의 형태와 제도를 제대로 이해해야 한다. 문화와 정치는 모두 국가의 형태와 제도에 영향을 주었기 때문이다. 이탈리아는 음악의 중심지였지만 프랑스와 영국도 상당한 공헌을 하였음을 부정할 수 없다. 프랑스에서는 왕이 음악의 주요 후원자였으며 종종 선전과 사회적 통제라는 자신의 정치적 목적을 위한 수단으로 음악을 사용했다. 그와 반대로, 영국의 군주제는 영국의 음악에 정치적 발전에 거의 영향을 미치지 않았다. 그 덕분에 음악에 대한 대중의 지지와 대중을 위한 공연이 생겨나게 되었다. 스페인은 자체적인 음악을 많이 활용한 반면에, 독일의 많은 지역은 프랑스 음악을 많이 활용하였다.

이 챕터에서는 주로 프랑스와 영국의 국가 형태와 이탈리아의 프랑스 음악 활용에 대한 이야기를 할 것이다. 군주제에서 춤과 예술의 역할은 프랑스 바로크 시대의 핵심이었다. 루이 14세의 70년 통치무려 5살이라는 어린 나이 때부터 는 프랑스 음악과 문화에 지대한 영향을 끼치게 된다. 루이 14세는 그의 권력유지에 상당히 집착하였으며, 예술을 절대 권력과 권위를 상징하는 것으로 간주하면서 자신의 이미지를 홍보하는 수단으로 사용했다. 그는 자신을 '태양의 왕'이라 칭하였으며, 아폴론의 고대 이미지를 상기시키며 자신을 빛의 유일한 주자로서 상징화했다. 그는 루브르 박물관과 베르사이유 궁전을 재건하였으며, 광대하고 호화스러운 건물을 여럿 지었다.

특히 무용은 프랑스 문화와 루이 14세의 궁정에

루이 14세

나 이래 뵈도
프랑스의 제일
위대한 작곡가야.
라푼젤이
아니라고!
장 밥티스트 륄리

서 굉장히 중요했다. '궁정 발레court ballet'는 상당히 독특하고 장대한 스케일을 보여주는 프랑스 무용이었다. 궁정 발레는 무대, 장면, 합창, 전문 무용수 및 악기 무용가와 관련된 많은 궁정 인원들이 투여되는 종합예술이었다.

200명에 달하는 궁정 음악가들이 있었으며 한 국가와 맞먹는 수준의 다양한 사회계층이 있었다. 종교음악은 왕실 예배당에서 연주되었으며, 왕실 예배당에는 성악가, 오르가니스트, 그리고 악기 연주자에 이르기까지 많고 다양한 연주자들이 상주해 있었다. 실내에서 연주되는 음악은 주로 현악기, 류트, 플룻, 하프시코드 연주자로 구성되었는데, 이런 실내 연주곡은 여흥을 위한 음악이라고 생각하면 된다. 야외 행사나 군대 행사에는 왕가 음악단의 목관, 금관, 타악기가 많이 연주되었으며, 가끔씩 실내악이 연주되기도 했다. 프랑스인들이 현악기비올라, 바이올린과 비슷한 초기 현악기를 많이 좋아하였는데,

결국엔 지금 우리가 아는 오케스트라의 모델 당시에는 현악기가 주가 되는 앙상블 정도로 생각하면 된다 이 되었다.

루이 14세가 가장 총애하는 음악가는 30년 이상 궁정에서 종사했던 장 밥티스트 륄리 Jean-Baptiste Lully, 1632~1687 였다. 그는 극적인 주로 프랑스 오페라 작품으로 성공한 작곡가로 알려져 있지만, 교회 예배음악과 발레 음악도 작곡했다. 륄리의 음악 중 '서막'을 의미하는 〈프랑스 서곡 French overture〉은 가장 두드러진 작품이다. 이것은 오페라 또는 발레를 시작할 때 사용되는 기악음악이었는데, 후대 작곡가들이 연구하는 음악적인 주제가 되기도 하였다. 〈프랑스 서곡〉은 두 개의 특이하고 반복적인 섹션을 보였다. 첫 번째 섹션은 웅장하고 장엄하며 단성음악으로 상당히 불규칙적인 첫 박이었다면, 두 번째 섹션은 푸가처럼 빠르고 모방적인 스타일이었다.

륄리는 죽은 이후에도 매우 황당할 만큼 아주 빠르게 유명해졌다. 바로크 시대의 지휘자들은 지금의 지휘봉처럼 조그만 나무막대기를 사용하지 않았다. 오히려 장봉을 사용하였고 박자에 맞게 바닥을 두드리면서 지휘를 하는 방식을 택했다. 륄리는 곡을 지휘하다가 바닥을 두드렸어야 하는데 자신의 발등을 찧기도 했을 정도로 긴 지휘봉을 선호했다고 한다. 그로인해 상처가 생겼는데 결국 괴저가 발생했고, 이 감염이 륄리를 사망에 이르게 했다.

프랑스 무곡은 형식면에서 음악사의 중요한 역할을 차지한다. 프랑스 작곡가들은 종종 무곡을 '모음곡 suites'으로 묶곤 했었다. 모음

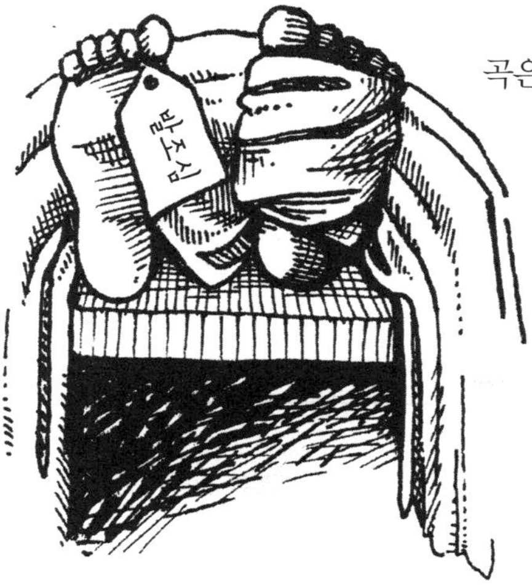

곡은 각 곡마다 고유의 박자와 빠르기를 가지고 있는 곡들의 집합이다. 17세기의 무곡은 대부분 두 토막 형식binary 으로 되어 있었다. 이는 기본적으로 동일한 두 부분이 반복되는 것을 이야기한다. 알라망드allemande, 쿠랑트courante, 사라방드sarabande, 지그gigue, 가보트gavotte 및 미뉴에트minuet 는 모음곡의 구성으로 많이 들어가는 곡들이며, 이런 모음곡은 후기 바로크 시대의 기악 모음곡에 영향을 주었다.

한편 영국의 해협을 건너간 프랑스의 극적인 음악 장르는 영국에서 큰 인기를 끌었다. 영국의 〈마스크masque〉는 헨리 8세의 통치 이래로 영국인들이 가장 좋아했던 곡이었다. 〈마스크〉는 오페라의 특징을 갖고 있었지만 단 한 명의 작곡가만 작곡을 한다는 점에서 사뭇 달랐다. 사실 〈마스크〉는 노래, 춤, 합창, 기악음악, 장면 그리고 무대 장치를 사용한다는 점에서 프랑스 궁정 발레와 상당히 비슷했다.

존 블로우John Blow, 1649~1708 와 그의 전원적인 느낌인 마스크 〈비너스와 아도니스Venus and Adonis〉는 매우 중요한 작품이었다. 한편 헨리 퍼셀Henry Purcell, 1659~1695 은 왕실이 가장

헨리 퍼셀

총애했던 청년 작곡가로 당시 그의 극음악 작품들이 상당히 유명했다. 유명한 작품은 〈디도와 아이네이아스Dido and Aeneas〉이며 3막 4역으로 1시간 이내 길이의 작품이다. 서곡과 합창은 륄리의 무곡 리듬을 연상케 하지만, 프랑스 오페라나 영국의 마스크에는 거의 없는 아리아 혹은 성악곡과 같은 이탈리아적인 요소를 많이 사용했다. 마지막 아리아인 〈내가 대지에 묻힐 때When I am laid in earth〉는 하강하는 테트라코드탄식저음 와 괴기스러운 불협화음으로 아주 깊은 슬픔을 자아내는 곡이었다. 음악 작곡의 진보보다 더 중요한 것은 공공 공연을 진행하는 사회기관이 생겨났다는 점이다.

1670년대까지 공연이란 늘 후원자의 집이나 공간에서 그 후원자가 초대한 손님과 연주자 들만 위한 한정적 연주뿐이었다. 하지만 점차 중산층이 늘어나고, 기량이 뛰어난 연주자들이 많이 등장하면서 대중 공연이 등장하기 시작했다. 대중 공연이 늘어난 이유로 연주자들에게 걸맞는 돈을 지불하지 못하는 군주가 생기게 된 것도 빼놓을 수 없다.

이로 인해 18세기 중반까지 여러 상업적인 공연장들이 프랑스와 독일의 주요 도시를 중심으로 확산되었다.

CHAPTER 14

후기 바로크 시대
이탈리아와 프랑스

후기 바로크 시대1700~1750 의 작곡가들은 과거의 작곡가들처럼 새로운 양식과 형식, 장르를 만들지는 않았다. 오히려 기존의 작법을 다듬고 세련되게 창작하였으며, 창조적으로 합쳐 새로운 스타일을 보여주었다. 당시 작곡가들은 정동설, 통주저음, 콘체르타토 미디움, 모음곡, 협주곡, 소나타, 칸타타 및 오페라에 관심을 갖고 꾸준히 연구하였다. 이 챕터에는 후기 바로크 시대에 이탈리아와 프랑스에서 활동한 주요 작곡가인 비발디, 쿠프랭 그리고 라모를 다룰 것이다.

오페라는 이탈리아에서 가장 권위 있고 동시에 가장 비싼 음악이었지만, 이 당시에는 오히려 기악음악이 인기가 오르고 있을 때였다. 협주

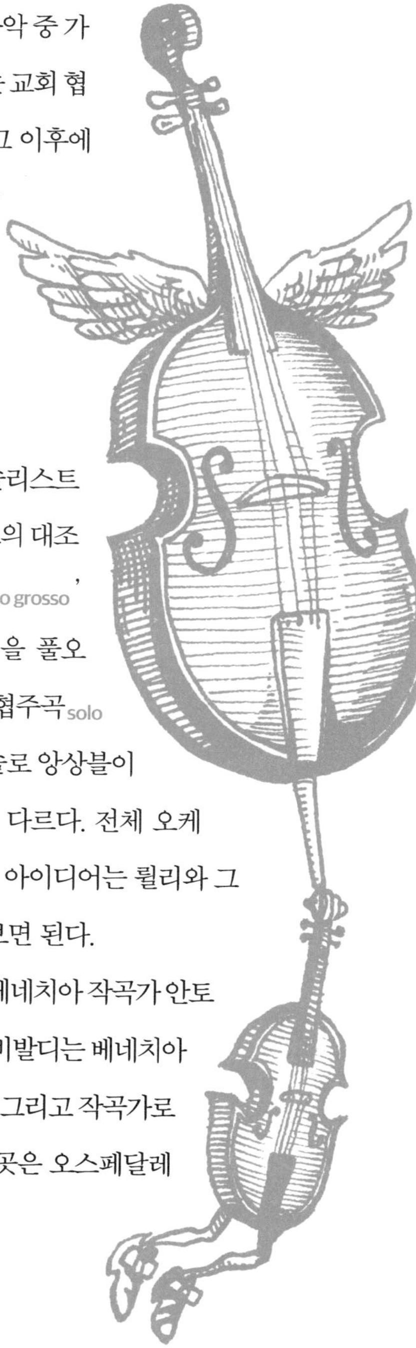

곡은 아마도 이탈리아의 바로크 기악음악 중 가장 인기 있는 장르였을 것이다. 이전에는 교회 협주곡이 상당히 중요한 음악이었지만, 그 이후에는 협주곡이 바로크 기악음악의 가장 중요한 장르로서 당시 가장 중요한 기악 앙상블인 오케스트라를 만들어 냈다.

1700년까지 작곡가들은 세 가지 유형의 협주곡을 창작했다.

‘관현악 협주곡orchestral-concerto’은 솔리스트가 없이 첫 번째 바이올린 파트와 베이스의 대조에 중점을 둔 곡이다. ‘합주 협주곡concerto grosso’는 작은 솔로 앙상블콘체르티노 concertino을 풀오케스트라와 나란히 놓은 것이다. ‘독주 협주곡solo concerto’은 합주 협주곡과 비슷하지만 솔로 앙상블이 바이올린 솔리스트로 바뀐다는 점에서 다르다. 전체 오케스트라와 솔로 악기를 나란히 배치하는 아이디어는 륄리와 그의 오페라 작품에서 착안된 개념이라 보면 된다.

이탈리아에서 가장 유명한 작곡가는 베네치아 작곡가 안토니오 비발디Antonio Vivaldi, 1678~1741였다. 비발디는 베네치아에서 바이올리니스트, 교회 음악가, 교사 그리고 작곡가로서 삶을 보냈다. 비발디가 주로 일했던 곳은 오스페달레

안토니오 비발디

델라 피에타 Ospedale della pietà였다. 오스페달레 델라 피에타는 고아가 되거나 사생아가 된 아이들을 위한 4개의 고아원 중 하나이며 기숙학교로 운영되었다. 특히 그곳의 아이들은 비발디의 지도 하에 상당히 우수한 음악교육을 받았다. 그의 유명한 작품인 〈라장조의 글로리아 Gloria in D major〉는 피에타의 합창단을 위해서 작곡한 곡이지만 많은 관객들의 기부를 받은 기악곡이었다.

비발디는 500개 이상의 협주곡을 쓴 정말 다작 작곡가로 알려져 있다. 분명히 500개의 협주곡이지만, 비발디가 같은 협주곡을 500번이나 작곡했다는 농담이 나올 정도였다. 실제로 아름답고 새로운 멜로디, 리듬, 악기에 관한 비발디의 해박한 지식은 비발디 협주곡에 꾸준히 나타나고 있다. 피에타에서 그는 역량 있는 많은 음악가들을 거느리고 있었고 창의적이고 새로운 작곡에 대한 요청을 끊임없이 받아야 했다. 그의 대중적 성공은 곡의 필요한 부분을 온전히 유지하면서 동시에 곡의 몇몇 요소를 수준 높게 바꾸는 것이었다. 이를 '리토르넬로 형식 ritornello form'이라 한다. 가장 기본적으로, 리토르넬로 형식은 전체 오케스트라와 솔리스트 사이의 음악을 분명히 대조시키는 것이다.

각 협주곡은 리토르넬로 이탈리아어로 '회귀'를 뜻한다로 시작하고, 그 다음으로는 최소한의 반주와 함께 솔리스트가 연주하는, 기교적으로 화려한 에피소드가 등장한다. 그 다음에 리토르넬로가 일부분 다시 돌아오고, 또 다시 다른 솔리스트 에피소드가 뒤따른다. 일종의 주고받는 패턴인데, 전체의 리토르넬로를 모든 악기가 연주하고 곡을 마칠 때까지 이 패턴을 계속 유지한다. 이 리토르넬로를 매우 유연하게 사용함으로써, 비발디는 매번 독특하면서 창조적인 협주곡을 작곡할 수 있었다. 오늘날 우리가 잘 알고 있는 비발디의 협주곡은 4개의 곡이 세트로 묶인 곡, 다시 말해 〈사계 Four Seasons〉다. 각 곡마다 사계절 중 한 계절을 가리키며 비발디 자신이 쓴 시에 영감을 받아 작곡한 것이다.

이탈리아에는 로마, 나폴리, 베니스에 음악 센터가 각각 하나씩 있었음에도, 유럽에서 음악의 중심지는 여전히 프랑스 파리였다. 파리에서의 성공은 국위선양을 의미하는 유일한 길이었기 때문에, 음악가들은 파리에서 경력을 펼치는 것을 최종 목표로 생각할 정도였다. 프랑스의 다른 도시들도 음악예술을 지원하였지만, 공연 기획으로 가장 명성이 자자했던 곳은 여전히 파리가 독차지했다. 그 때문에 대다수의 부유한 후원자와 많은 기관 들 대다수가 프랑스 수도인 파리에 있었다. 일부 사람들은 프랑스와 이탈리아 음악을 반기기도 하였지만, 반면 일부 사람들은 이에 대해 저항감을 갖고 있었다.

프랑수아 쿠프랭François Couperin, 1668~1733은 프랑스와 이탈리아 음악을 조화롭게 잘 합쳤던 작곡가였다. 어떤 음악가들은 쿠프랭의 음악 생활을 향해 "생계를 유지하기 위해 여러 곳에서 일을 할 수 밖에 없었다", 라고 폄하하기도 했다. 쿠프랭은 생 제르베 사원과 왕의 오르간 연주자로서 일했었지만, 그의 대부분 수입은 귀족들에게 하프시코드 개인 교습을 하면서 나왔다. 또한 쿠프랭은 자신의 곡을 출판함으로써 모자란 수입을 보충하기도 했다.

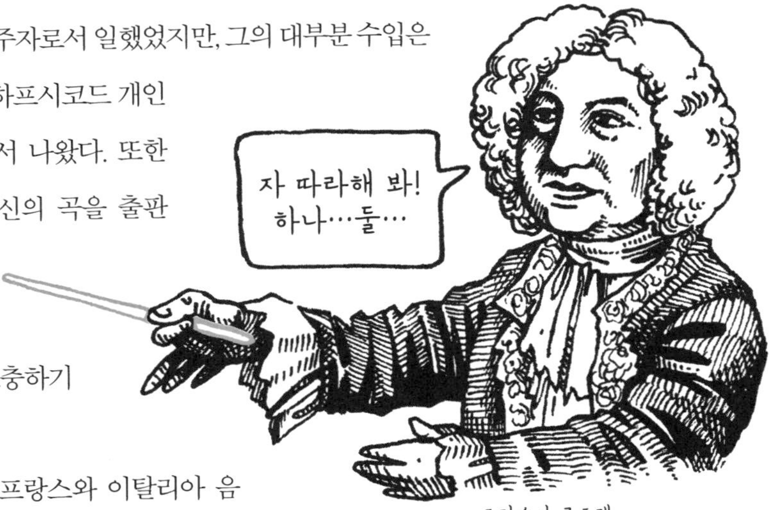

프랑수아 쿠프랭

쿠프랭의 프랑스와 이탈리아 음악의 융합은 실내악에서 가장 잘 드러난다. 그는 〈취향의 융합Les gouts-réünis〉의 서문에서 완벽한 음악은 두 가지 스타일의 조합이라고 이야기했다. "이탈리아와 프랑스 스타일은 오랫동안 프랑스 음악을 분열시켰다. 나는 작곡가와 국가에 상관없이, 나는 항상 그것들을 존경했다." 그는 륄리와 17세기 이탈리아 작곡가 아르칸젤로 코렐리Arcangelo Corelli의 음악을 존경했으며, 바이올린 두 대와 하프시코드 두 개를 위한 모음곡을 작곡함으로써 그들에게 경의를 표했다. 첫째 곡은 〈코렐리 찬가〉, 둘째 곡은 〈륄리의 찬미가〉이다.

프랑스의 바로크 시대를 대표하는 작곡가는 장 필리프 라모Jean Philippe Rameau, 1683~1764다. 그는 40년 동안 유명한 음악 이론가로 인정을 받았으며, 나중에는 실내악과 오페라의 작곡가로 활동하기도 했다. 바로크 시대의 음악 양식은 오랜 시간 동안 유지되었던 교회선법에서 오늘날 조성에 기반을 둔 단조 체계로 변화되었다. 라모는 1722년에 이 조성체계를 문서화하여 '화성학Treatise on Harmony'를 만든 최초의 음악이론가 중 한 사람이었다. 당시 매우 혁신적이었던 라모의 화성이론은 지금 음악이론의 근원이 되었다.

작곡가로서 그는 스스로 장 밥티스트 륄리의 후계자로 자청할 정도였다. 그의 첫 번째 오페라 〈이폴리테와 아리씨에Hippolyte et Articie〉는 초연된 후에도 꾸준히 호응을 얻었다. 4개의 오페라와 오페라-발레 작품을 6년만에 작곡할 정도로 라모는 작곡에 열심이었다. 그의 작품에 대한 극심한 논란거리가 없었음에도 오페라 애호가들을 정확히 두 부류로 가르는 결

장 필리프 라모

과를 만들었다.

라모의 오페라를 좋아하는 집단이 있었던 반면, 륄리의 유산을 모욕했다고 싫어하는 사람들도 있었던 것이다. 지금 후세인들은 음악사에서 라모의 진보와 혁신이 필요하다고 생각하겠지만, 륄리의 충신들은 라모 음악을 기괴하고, 어렵고, 아주 부자연스러운 것으로 생각했다. 1750년대에 들어 라모 음악에 대한 논쟁은 가라앉게 되었으며, 그는 프랑스 작곡가들 중 가장 걸출한 작곡가로 손꼽히면서, 프랑스 음악의 챔피언으로 인정받고 있다.

CHAPTER 15

후기 바로크 시대
바흐 그리고 헨델

유럽 음악사에서 처음으로 18세기 독일 작곡가들은 오랫동안 음악계에서 두각을 나타냈던 이탈리아 작곡가들과 라이벌 관계에 놓이게 된다. 대표적인 독일 작곡가로 텔레만, 헨델, 바흐 가문, 하이든, 모차르트 등이 있었다. 그들 모두는 새로운 음악 양식을 창조하였을 뿐만 아니라, 이탈리아, 프랑스 그리고 다른 나라의 음악전통을 잘 융합했으며, 1700년대에 상당히 명성이 자자했던 인물들이 되었다. 후기 바로크 시대에 훌륭한 독일 작곡가들이 많이 있었지만, 이 챕터에서는 바흐와 헨델을 중심으로 다룰 것이다. 이들의 음악은 오랜 시간 동안 연주되고 있으며 후대의 작곡가들에게 본보기로서 존경받았다.

바흐

요한 세바스찬 바흐Johann Sebastian Bach, 1685~1750 는 음악사에서 가장 위대한 작곡가로 입증됐다고 해도 과언이 아니다. 물론 오늘날 바흐는 위대한 작곡가로서 명성이 자자하지만, 그 당시 독일 신교도 내에서 바흐는 오르간 연주자와 성가대 지휘자로서 유명했다물론 그의 곡들도 유명했지만 . 바흐는 루터 교회 음악가로 아른슈타트, 뮐하우젠, 바이마르, 라이프치히에서 시간을 보냈다.

그의 업무 특성상, 일주일 단위로 새로운 곡을 작곡해야 했고, 성가대와 악기연주자 들을 준비하고 연습을 시켜야 했다. 바흐가 당시 중요한 직책을 많이 맡았지만, 오늘날 우리가 생각하는 프리랜서 음악가의 개념이 아니었다. 바흐가 기존의 일을 그만 두고 다른 곳으로 옮길 때마다 늘 바이마르의 군주에게 허락을 받아야만 했고, 군주가 결정을 내리기 전까지 바흐는 수감생활이나 다름없는 생활을 해야만 했다. 라이프치히에서 바흐는 군주에게 충성을 맹세하고 모범적인 생활을 하겠다는 서약을 해야 했다. 심지어 군주의 허락 없이는 마을 밖으로 나가지도 못했

내가 여유가 생길 때 20명의 아이들을 만들었지…

다. 바흐는 작곡가로서 가장 다작한 인물 중 한 명이며, 다양한 장르와 양식의 음악을 수백 곡 작곡했다. 교회 오르간 연주자로서 주로 루터 교회 예배음악을 담당했기에, 그는 오르간 반주가 들어가는 음악은 물론, 많은 토카타, 푸가, 코랄곡 들도 작곡했다. 바이마르에서 일하면서 바흐는 45개의 짧은 합창곡을 한 권으로 엮어 《오르간 소곡집 Orgelbüchlein》으로 출판하였다. 이 합창곡은 모든 회중들이 다 같이 부를 수 있는 찬송가들로 구성되어 있다. 이 작품들은 독일어로 작곡되었으며, 바흐는 비발디의 영향을 받아 오르간 작품도 작곡하였다. 바흐는 비발디의 몇몇 협주곡들을 오르간으로 연주할 수 있도록 편곡도 했다. 그래서 비발드 협주곡에 들어 있는 부분을 바흐의 프렐류드와 푸가에서도 들을 수 있다.

오르간 작곡 외에도 바흐는 서곡, 푸가, 판타지아, 토카타, 모음곡을 포함하여 하프시코드 곡도 많이 작곡했다. 그의 하프시코드 모음곡은 코스모폴리탄범세계적인 적인 면을 많이 보여준다. 바흐는 영국, 프랑스 양식의 여러 모음곡을 썼는데, 그의 사후에 〈영국 모음곡〉 그리고 〈프랑스 모음곡〉이라는 이름이 붙여졌다. 그의 곡 중 〈이탈리아 협주곡〉은 이탈리아 양식으로 쓴 건반악기 곡이다. 그의 건반악기 작품 중 〈2권의 평균율 Well-Tempered Clavier 〉은 가장 유명한 곡이다. 각 권 당 24쌍의 프렐류드 전주곡 와 푸가가 포함되어 있으며, 12개의 장조 곡과 12개의 단조 곡으로 구성되어 있다. 등분 평균율, 즉 옥타브를 12개의 음으로 분할한 것을 이야기하며, 이러한 새로운 개념이 건반악기에 적용된 것이라고 생각하면 된다. 평균율 곡들은 각자 예술성도 물론 훌륭하지만, 다양한 스타일로 작곡을 할 수 있는 일종의 교육적인 모델로서도 훌륭한 가치가 있다.

바흐의 관현악곡 중 〈6개의 브란덴부르크 협주곡〉이 단연 가장 유명한 작품일 것이다. 이 작품은 1721년 바흐에게 작곡을 부탁한 브란덴부르크 공 Margrave of Brandenburg 에게 헌정된 것으로 바흐는 이미 10여 년 전에 써놓은 곡을 묶어서 만들었다. 바흐는 다른 편성의 기악곡 작곡에도 매우 훌륭했는데, 특히 실내악은 뛰어난 작품성을 보였다. 그는 솔로 악기와 하프시코드를 위한 〈15개의 소나타〉를 작곡했다. 〈6개의 바이올린 독주 소나타〉, 독주곡으로는 〈6개의 첼로 독주 모음곡〉 등이 있다. 이런 독주곡은 그 당시 전례가 없던 곡으로 당시로선 매우 혁신적이고 참신했다.

이전에 우리는 칸타타에 대해서 다뤘다, 기억하는가? 칸타타는 원래 세속음악에 한정해서 가리키는 말이었지만, 1700년도에 들어서 새로운 형태로 나타나게 된다. 루터 교회 신학자이자 시인이었던 에르트만 뉴마이스터 Erdmann Neumeister 는 기존의 성경, 성가 그리고 코랄의 가사뿐 아니라 당시의 복음 메시지를 더 강조하는 시적인 가사에도 상당히 흥미를 가지고 있었다. 루터교의 새로운 칸타타는 합창, 솔로 곡, 오페라 요소, 협주곡과 같은 과거의 훌륭한 전통적 요소들을 통합하여 하나의 작품으로 완성된 곡이다.

나를 불사신으로
만들어줘서
고마워 조!
브란덴부르크 공

교회 칸타타는 라이프치히의 루터 교회 예배의 중심에 있었는데, 그 대표적인 교회가 성 니콜라스와 성 토마스 교회 바흐는 이 두 군데에서 동시에 일을 하였다 다. 이 작품은 일반적으로 *합창 악장으로 시작되며 아리아와 '레치타티보 recitative, 말 하듯이 노래하는 것을 말한다 '가 번갈아 가며 4성부의 코랄로 곡이 마무리가 된다. 라이프치히 교회는 믿을 수 없을 정도로 상당히 까다로웠는데, 그들은 3년 분량의, 교회 축일 3년 주기로 사용하기 위한 교회 성서 을

---

* 코랄 혹은 코랄 악장은 일반적으로 각 파트에 한 성부만 불렸다. 예배 음악에서는 숙련된 합창단이 노래를 부르지만, 칸타타는 오늘날과는 다르게 솔로이스트, 다시 말해 한 명만이 부르는 것이 일반적이었다.

위한 58개의 칸타타와 다른 예배와 축제를 위한 음악 작곡을 요구했다.

아이디어가
다 떨어졌다구?
그렇다면 개작하고,
개작하고, 개작해!

바흐의 칸타타 중 200개 넘는 칸타타는 후대인들 위해 잘 보존되었다. 아 물론, 바흐는 200개보다는 더 많은 작품을 썼지만 말이다. 도대체 바흐는 어떻게 매주 15분에서 30분 길이의 칸타타를 작곡할 수 있었을까? 바흐가 작곡 시간을 단축하기 위해 썼던 방법은 기존의 것을 고치거나, 전에 바흐가 만들어놨던 여러 음악적인 재료들을 다시 활용하는 것이었다. 그럼에도 불구하고 바흐는 여전히 매주 엄청난 양의 작품을 남겼다. 바흐는 교회 칸타타 외에도 성 금요일Good Friday을 위한 대규모의 수난곡을 작곡했다.

대표적으로 2개의 수난곡이 현대의 합창 관현악 곡의 기둥이 된다고 할 수 있는데, 〈요한 수난곡St. John Passion〉과 〈마태 수난곡St. Matthew Passion〉이 가장 잘 알려진 작품이다. 두 작품 모두 레치타티보, 아리아, 합창과 오케스트라 반주가 대동되지만 〈마태 수난곡〉은 합창과 오케스트라가 2부로 구성되어 있다는 점에서 독특하다. 바흐의 작품들 중 걸작을 꼽으라면 너무 많지만, 그 가운데 〈미사 B 단조Mass in B minor〉

가 가장 대표작이다. 바흐가 미사 통상문 악절들을 오랜 시간에 걸쳐 작곡한 것을 모아 후손을 위해서 소중히 보관해둔 것이다. 전례 없던 곡의 길이와 범위며 그 복잡성 때문에 바흐 생애에 이 작품이 단일 작품으로서 연주가 된 적이 없었다. 바흐의 영향력과 지위는 바로크 시대, 그리고 거의 전 시대에 걸쳐서 가장 굳건했다고 할 수 있다.

한편 게오르크 프리드리히 헨델George Frideric Handel, 1685~1759은 두 번째로 영향력이 있던 작곡가였다. 바흐와 마찬가지로 헨델은 국제적인 기반을 가지고 있던 인물이었다. 독일인이었고 이탈리아 오페라를 작곡했으며, 영국에 거주하면서 영어 오라토리오를 작곡하면서 이 장르의 표본이 되었다. 생애 36년 동안 그는 당시 작곡가들의 야망이었던 오페라 작곡에 헌신했다. 헨델의 대표작이라고 할 수 있는 〈리날도Rinaldo〉는 런던에서 최초로 작곡된 이탈리아 오페라였으며, 오페라 〈줄리오 체사레Giulio Cesare 혹은 줄리어스 시저, Julius Caesar〉는 헨델의 가장 뛰어난 업적 중 하나로 평가받는다.

헨델의 오페라는 바로크 오페라의 작곡법에서 주된 요소가 되었고, 그의 오라토리오 작품은 음악사에 있어서 아주 탄탄한 자리매김을 하게 되었다. 이전의 오라토리오와 마찬가지로, 헨델의 오라토리오 역시 종교적인 주제를 담고 있으며 무대가 아닌 교회에서 연주되었다. 그의 오라토리오는 무대에 오르지 않았으며 오페라에 사용되는 무대장치, 장면, 연기와 같은 요소도 없었다. 장르에 있어서 그의 중요한 혁신은 이탈리아 오페라에서 차용한 합창을 사용했다는 데 있다. 솔리스트가 아닌 실제 합창단의 합창은 오라토리오 구조에서 기둥의 역할을 했다. 헨델의 오라토리오에는 〈이집트의 이스라엘인 Isreal in Egypt〉, 〈에스더 esther〉, 〈사울 saul〉 등 주로 성경을 배경으로 한 작품들이 많았다.

이게 가스펠은
아닐지라도,
노래 부르기에는
훨씬 더 재밌다
구!
Messiah
헨델

하지만 그의 가장 유명하고 성공을 거둔 작품은 단연코 오늘날 전 세계에서 가장 많이 연주되고 있는 〈메시아 Messiah〉다. 그는 1742년 아일랜드 더블린에서 14일만에 이 작품을 작곡했다. 〈메시아〉는 구약과 신약 성서에 나와 있는 예수의 탄생, 삶, 열정, 부활에 관한 이야기를 세 부분으로 나누었으며, 런던에서 고아원을 위한 자선행사로 연주되기도 했다. 바흐의 수난곡과 마찬가지로 헨델의 오라토리오는 아리아, 레치타티보, 합창, 오케스트라 반주를 포함한 다양한 음악 형식을 하나로 통합하는 방식을 보여준다. 헨델의 오라토리오는 후대의 하이든과 멘델스존 같은 여러 작곡가들에게 영감이 되었다.

IV

드디어!
고전적인
‘고전 음악’

CHAPTER 16

고전음악과 고전양식

18세기 후반에 '고전양식' 이라는 새로운 개념이 수면 위로 등장하게 된다. 모호하게도, '고전' 이라는 용어는 지금까지 배웠던 모든 시대에 걸쳐 작곡된 모든 음악까지 아주 넓은 범위에 적용될 수 있는 용어다. 하지만 범위를 좀 더 좁혀 이야기하자면, 18세기 후반의 음악 양식에 한정해서 이야기할 수 있다. 전혀 이유가 없는 근거는 아닌 것이, 고전 문학과 미술처럼 19세기에는 바흐, 헨델, 하이든, 모차르트, 베토벤의 음악이 고전음악으로 여겨졌으며, 그들의 음악은 고전 레퍼토리의 핵심으로 자리매김했던 것이다. 19세기와 20세기 후반에는 모든 음악을 아울러 가리키는 용어가 된다 고전음악에서 클래식 음악으로.

'바로크' 라는 용어는 바흐와 헨델의 음악을 가리키는 용어가 되었고, 18세기 후반의 음악을 가리킬 때에는 '고전' 이라는 용어가 다시 쓰이기 시작했다. 이것이 바로 모든 고전음악이 고전적이지 않다고 이야기할 수 있는 역설이기도 하다. 다시 고전양식으로 되돌아와서,

18세기 후반의 양식을 가리키는 용어가 하나 더 있는 데 바로 '갈랑galant'다. 프랑스어가 원어이며, 문학작품의 기품 있는 매너를 가리키는 뜻이다. 전반적으로 세련되고 모던한 양식을 의미할 때 사용된다. 갈랑 양식은 전에 우리가 살펴봤던 엄

격한 양식바로크 양식 과 달리 더 자유롭고, 더 노래 같으며, 짧으면서 반복되는 형태다. 그리고 상대적으로 단순한 화성이 동반되는 아름다운 멜로디를 전례 없이 강조하는 양식이었다.

갈랑 양식과 비슷한 또 다른 용어로 "감정과다 양식독일어로 empfindsamer stil "이 있다. 이 용어의 어원을 살펴보면 독일음악과 관련이 있다는 것을 쉽게 알 수 있다. 급격한 화성변화, 불안정한 리듬진행, 자유롭게 말하는 멜로디로 이해하면 쉽다. 자, 이 용어는 독일어가 근원임에도 불구하고 갈랑 형식과 매우 비슷하며, 사실 이탈리아 음악에서 먼저 사용되었다. 이 용어의 사용과 관계 없이, 고전 양식은 성악음악의 영향에서 형체를 갖추어진 것이며, 곧 기악음악에도 적용되어 멜로디와 형식의 새로운 접근법을 만들어 냈다.

여기서 반드시 기억해야 할 것은, 바로크 음악이 1750년이 딱 되자마자 바로 사라진 것은 아니다는 점이다. 오히려 바로크 양식과 고전 양식은 거의 수년 동안 겹쳐지곤 했다. 고전시대에 작곡가들도 역시 감정표현을 지속적으로 탐구했는데, 인간 심리학 분야의 새로운 이데

올로기가 음악의 정서적 특성에 혁신을 가져오게 되었다. 심리학자들은 사람이 특정 감정을 경험하거나 자극하게 되면, 다른 감정으로 옮겨질 때까지 계속 이전 감정의 영향을 받게 된다고 믿었다. 바로크 시대에 작곡가들은 하나의 감정에 하나의 악절이나, 섹션, 쉽게 이야기하면 한 파트에 한 감정을 소재로 하여 작곡하는 것을 지향했다. 그에 반해 고전시대의 작곡가들은 감정이란 유동적이라는 것을 깨닫게 되면서 한 악절이나 하나의 섹션에서도 여러 가지의 감정을 담을 수 있도록 노력했다.

CHAPTER 17

기악음악의 본격 무대화

고전시대의 기악음악은 새로운 음악어법에 영향을 받으면서 발전하게 되었다. 기악음악은 성악음악에 더욱 중요성을 둠으로써 양식을 확장하는 촉매제 역할을 했다. 규칙적인 악구음악 주제가 비교적 완성된 두 소절에서 네 소절 정도까지의 구분 , 아름다운 멜로디, 감정의 대조, 구성과 스타일 그리고 극적인 요소가 기악음악에 들어가게 되었다. 묘하게도, 기악음악은 성악음악적 요소와 양식을 차용함으로써 더욱 독립적이고 그 중요성을 다지게 되었다. 악기에 있어서 이 당시 가장 중요한 발명이라면 흔히 피아노라고 부르는 피아노포르테이다.

하프시코드그리고 사촌격인 클라비코드 는 오랫동안 건반악기의 표준을 차

만약 내게
해머가 있었다면,
줄에다가 해머질을
했었을 거야!

지하고 있었지만 피아노의 인기가 높아짐에 따라 결국 유행에서 벗어나게 되었다. 피아노는 해머가 현을 침으로써 소리를 내며 하프시코드는 현이 뜯기고, 클라비코드는 건반 끝에 장착되어 있는 탄젠트라 불리는 놋쇠 조각이 현을 때려서 소리를 나게 한다. 이러한 건반악기의 기술적 진보로 인해 연주자는 터치만으로 더 표현력 있게 연주했으며 음량과 조음articulation 의 조화를 만들 수 있었다. 왜냐하면 하프시코드는 현을 뜯는 시스템을 사용하기 때문에 표현할 수 있는 음폭이 좁은 편이었다.

실내악은 2명에서 5명까지의 현악기로 구성되어 있는 소규모 그룹에 초점을 맞춘 음악이며 대표적으로 '현악4중주string quartet, 바이올린 2명, 비올라 1명, 첼로 1명으로 구성'가 있다. 1710년경에 새로운 악기가 탄생하였는데 그것이 클라리넷이다. 1780년에 클라리넷은 목관악기 중 가장 주된 악기로 자리매김하면서, 그뒤 18세기 중반에 클라리넷은 오케스트라에서 흔히 볼 수 있는 악기가 된다.

건반악기 음악키보드 음악 은 18세기 후반에 작곡가, 연주자 그리고 청

취자들에게 가장 인기 있는 장르 중 하나였다. 바로크 시대에 유행했던 장르 서곡, 푸가, 토카타, 무곡 모음곡 는 사라지게 되고, 3~4개의 대조적인 악절로 구성되어 있는 - 이전과는 전혀 다른 음악이라 할 수 있는 - '소나타'가 등장하게 된다. 건반악기를 위한 소나타는 인기 있는 장르였지만 건반악기 독주 소나타가 아닌 하나의 악기에 건반악기가 더해져 편성되는 곡이 많았다.

물론 소나타라는 용어는 이전에도 사용됐지만, 이 당시는 그 내용이 전혀 다른 갈랑 형식의 음악이었다. 소나타의 첫 악장은 1악장 형식, 혹은 같은 내용이지만 더 익숙한 명칭인 '소나타 형식 sonata form' 이었다. 여기서 중요한 것은 '소나타 형식이 소나타에서 '만' 사용된 것이 아니라, 다양한 장르의 음악에서도 많이 사용되었다는 점이다. 소나타 형식은 3개의 파트로 나뉘어져 있다. 처음에 등장하는

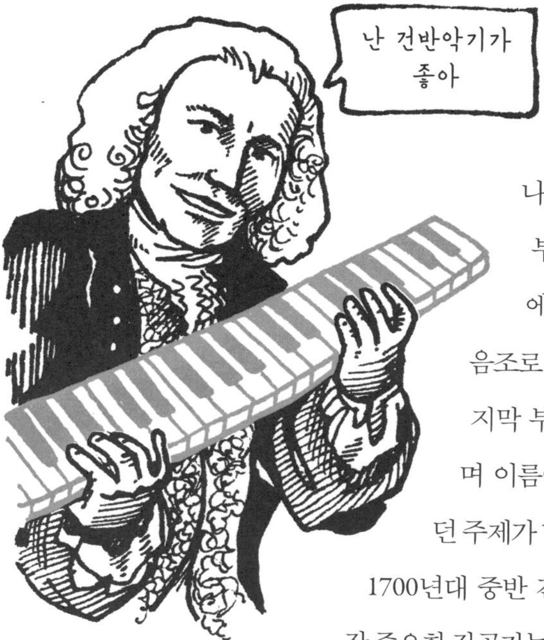
난 건반악기가
좋아
도메니코 스카를라티

부분을 '제시부 exposition'라고 하며 두 개의 다른 주제가 나오는 부분이다. 두 번째는 '전개부 development'로 앞부분 제시부에 나왔던 주제를 가지고 다양한 음조로 전조를 하는 등 변화를 준다. 마지막 부분은 '재현부 recapitulation'라 하며 이름에서 알 수 있듯 제시부에 나왔던 주제가 다시 등장하며 곡을 마무리한다.

1700년대 중반 건반음악에서 가장 중요한 작곡가는 도메니코 스카를라티 Domenico Scarlatti와 카를 필리프 에마누엘 바흐 Carl Philip Emanuel Bach다. 스카를라티 1685~1757는 평생 유럽에서 거의 알려지지 않았던 작곡가였지만, 그의 건반음악은 견 줄 데 없을 정도로 아주 독창적이었다. 그는 알레산드로 스카를라티 Alessandro Scarlatti의 아들이자 헨델과 동시대를 살았던 인물로 이탈리아 외에도 포르투갈과 스페인의 여러 법원에서 근무하기도 했다. 스카를라티는 550개 이상의 소나타를 작곡하면서 2부분으로

아, 나는
우리 아빠랑
완전 판박이야
카를 필리프 에마뉴엘 바흐

구성된 2부 형식을 사용하였는데, 나중에 그것이 소나타 형식으로 이어지게 된다스카를라티는 자주 두 번째 부분 끝에 첫 번째 부분의 음악을 가지고와서 사용하였다.

바흐의 아들인 카를 필리프 에마누엘 바흐1714~1788는 동시대 작곡가들 중에서 가장 영향력 있는 작곡가 중 한 명이었다. 그는 거의 30년 동안 베를린에서 프리드리히 2세의 전속 반주자와, 베를린 궁정 예배당의 하프시코드 연주자로 일했었다. 그후에는 함부르크에 있는 5개의 주요 교회에서 음악 감독이 되었다. 바흐는 오라토리오, 가곡, 협주곡, 실내악을 비롯한 다양한 장르의 음악을 작곡하였지만 건반음악에도 많은 심혈을 기울였다. 스카를라티의 음악과 달리 바흐의 음악은 멜로디, 참신한 화성, 긴장감을 유발하는 감정과 다양한 양식에 초점이 많이 맞추었다. 총3개의 악장에 걸쳐 사용한 빠름-느림-빠름 형식으로 되어 있는 곡은 미래의 소나타에 표준을 형성하는 전기를 마련했다.

18세기에는 건반악기 음악과 함께, 관현악 음악 역시 상당한 인기를 끌었고, 그 결과 교향곡의 발전을 이르게 되었다. 고전 교향곡symphony은 솔로이스트와 오케스트라가 분리되어 있는 형태가 아닌 모든 멤버가 함께 연주하는 3~4악장의 오케스트라 작품을 말한다. 협주곡과는 뚜렷이 다른 형식을 띈다고 할 수 있다. 18세기말에 교향곡은 기악음악의 절정이라고 손꼽힐 정도로 상당히 중요한 장르가 되었다. 교향곡은 이탈리아의 신포니아sinfonia, 오페라 서곡에서 그 이름을 따왔지만, 하나가 아닌 그 이상의 다른 장르의 음악에서 파생된 것이라 할 수 있다. 이 오페라 서곡은 오페라에 수록되어 있는 음악들과 전혀 관련성이 없으며, 빠름-느림-빠름의 형식으로 구성되어 있다. 오케스트라 협주곡 또한 3악장이 빠름-느림-빠름으로 되어 있는 경우가 많은데, 북부 이탈리아의 교회 소나타도 이러한 형식을 많이 취했다. 이러한 유사점들이 교향곡의 탄생으로 이어지게 만들었다.

18세기말까지 악기들은 단순 반주가 아닌 스스로 자기 목소리로 노래를 했다. 작곡가들은 교향곡을 성악음악에서 고안하여 적용한 갈랑 양식을 작곡하는 데 많이 활용했다. 이런 작업이 기악음악의 독립성을 보장하게 됐고, 시쳇말로 '먹혀 들어갔다'. 피아노 소나타, 현악 4중주 곡, 교향곡과 같은 새로운 장르의 발전은 기악음악의 기반이 되었으며, 이러한 작품들은 중산층과 상류층은 물론, 아마추어를 위한 콘서트에서도 상당히 인기가 있었다.

CHAPTER 18

모차르트, 하이든 그리고 본질적인 '고전적' 작곡

18세기 후반에 전문적인 음악가의 경력은 새로운 형태를 나타난다. 그들은 작곡을 가르치거나, 공공 공연을 열거나, 새 작품의 작곡 의뢰를 받으면서 많은 돈을 벌거나, 믿을 수 있는 왕족, 교회 그리고 지방 자치의회에서 많은 후원을 받을 수 있게 되었다. 그리고 작곡가들 또한 새로운 도전에 직면하게 되는데, 후원자의 여흥을 위한 음악을 만드는 것 외에도 대중을 위한 재미있는 음악에 대한 수요가 크게 증가하면서, 후원자와 대중 모두를 만족시키기 위해 많은 노력을 해야 했다. 이처럼 음악에 대한 고객 변화는 작곡가들의 작곡 방향에 적잖은 영향을 미쳤다.

이 당시 광범위한 인기를 받은 대가가 있었으니 바로 프란츠 요제프 하이든Franz Joseph Haydn, 1732~1809 과 볼프강 아마데우스 모차르트 Wolfgang Amadeus Mozart. 1756~1791 였다. 그들의 음악은 고전파의 완벽한 정수를 보여주었을

볼프강 아마데우스 모차르트
바통을 아끼면 작곡가를 망친다. 내가 항상 말하는 거야.

뿐만 아니라, 두 작곡가는 대중의 감성을 어필할 수 있는 매력과 과거의 전통과 양식을 그들만의 방식으로 결합하는 뛰어난 감각능력을 가지고 있었다. 하이든은 에스테르하지 왕자의 후원으로 일하면서 찬사를 상당히 많이 받았고, 모차르트는 어린 천재라는 명성을 얻었고 두 자릿수의 나이가 되기도 전에 연주와 작곡을 함께하면서 유럽을 돌면서 연주를 했다.

하이든은 너그러운 음악 후원자로 유명한 헝가리의 귀족 가문인 에스테르하지 가에서 일하면서 대부분의 음악인생을 보냈다. 하이든의 일은 왕자가 요구한 음악을 작곡하는 것이었으며, 공연을 진두지휘 하면서 악기의 관리 감독 및 상주 음악가의 교육을 담당했다. 에스테르하지 궁전은 지리적으로 고립되어 있었지만, 오케스트라 음악부터 오페라, 미사곡까지 다양한 곡을 쓰는 작곡가에게는 더할 나위 없이 좋은 환경이었다. 하이든의 계약에는 그의 작품들이 팔리거나 보급되는 것을 금지한다는 내용이 있었지만, 그의 작품 사본들이 암시장에서 발견되면서 그의 명성이 유럽 전역에 걸쳐 널리 알려지게 되었다.

1790년에, 하이든은 연금을 받고 에스테르하지 궁전에서 퇴직하게 된다. 비엔나로 이사한 하이든은 런던으로 두 차례

음
런던 교향곡을
마친 다음에
에스테르하지 가에
감사 노트를
써야겠다.
하이든

의 여행을 떠나 공연을 하며 영국 귀족의 자녀들을 가르치면서 새로운 작품을 작곡하기도 했다. 폭 넓은 호소력과 고품질을 갖춘 하이든의 교향곡이 유럽 전역에 널리 알려지면서, 히아든은 '교향곡의 아버지'로 불리게 되었다그렇다고 하이든이 교향곡을 발명해서 '교향곡의 아버지'로 불렸던 것은 아니다. 하이든의 교향곡은 19세기 고전 음악에서 주된 레퍼토리가 되었으며, 그의 곡이 공연에서 연주가 안 되면 그 공연은 완전한 공연이 아니었을 정도였다. 하이든의 교향곡은 4악장으로 구성되어 있다.

소나타 형식의 빠른 악장, 느린 악장의 미뉴에트와 트리오춤 악장 같은 경우에는 일반적으로 쌍으로 이루어 연주가 된다, 그리고 빠른 템포의 피날레이다. 그가 런던에 있는 동안 오늘날 각광받는 작품 〈런던 교향곡집〉을 작곡했다. 12개의 관현악곡으로 구성돼 있는 이 곡집은 하이든이 작곡가로서 최고의 명성을 얻게 해주었다. 여기서 하이든은 대담한 화성, 기억에 남는 멜로디, 강렬한 리듬을 사용함으로써 교향악의 새로운 정점에 도달하게 된다.

하이든은 '교향곡의 아버지'로 불렸지만, '현악 4중주의 아버지'로 불리기도 했다. 그는 그 장르를 발명한 최초의 작곡가는 아니었지만 분명히 초기 작곡가 중 한 명이었고 작곡을 더 능숙하게 하기 위해 목표를 세운 인물이었음은 분명하다. 공공장소에서 전문적인 음악가들이 연주한 교향곡과 달리, 현악 4중주는 아마추어 음악가들이 자신들의 유흥을 위해 연주하는 경우가 더 일반적이었다여기서 말하는 아마추어란 기술의 부족을 의미하는 것이 아님을 꼭 알아두자 . 그러므로 하이든의 현악 4중주 또한 관객이 아닌 연주자들에게 초점을 더 맞춘 것으로 보인다.

그의 작품은 4개의 현악기 등이 서로 보완작용하는 것이 특징이다. 4 중주 작품들 중 하나는 재치 있고 거의 우스꽝스러운 구성 방식 때문에 '농담The Joke '이라는 이름을 가지고 있다. 한 악장에 하이든은 길고 불필요한 휴지부를 삽입함으로써 주제에 대한 '생각'을 방해하게 했다. 이러한 예기치 않은 휴지부는 연주자와 관객 들이 휴지부의 음악을 각자 머릿속에서 상상하게 함으로써, 그들 스스로 음악에 대한 즐거움을 찾게 만드는 효과를 거두었다.

하이든은 기악음악 작곡뿐만 아니라 성악곡에서도 성공을 거두었다. 그는 에스테르하지 가에 일하는 동안 다수의 대규모 축일 미사곡을 작곡하였는데, 그의 마지막 6개 미사곡은 4명의 솔로 보컬리스트, 코러스, 트럼펫, 팀파니가 포함된 풀 오케스트라가 연주하는 것으로 미사곡의 극적인 감동을 보여주었다.

하이든은 극음악과 갈랑 양식에 푸가를 섞는 등 전통적인 요소들을 많이 조합하였다. 헨델의 〈메시아〉 공연에서 영감을 얻은 하이든은 눈물을 흘리며 헨델에게 "그는 우리 모두의 주인이다."라고 이야기를 하기도 했는데, 이때의 영감은 하이든이 성경의 창세기와 밀턴의 서사시인 〈실낙원Paradise Lost 〉을 바탕으로 한 〈천지창조The Creation 〉를 탄생하게 만드는 원동력이 되었다. 이 작품은 여러 가지 측면에서 혁명적이라고 할 수 있다. 하이든은 가사를 한 차원 더 높게 묘사하였다예를 들어, 포효하는 사자를 묘사한 콘트라바순 . 그는 합창단이 각 끝에 천상의 주인인 신의 영광을 외치는 헨델의 합창에 기초를 두었으며, 역사상 최초의 이중언어 대본인 독일어와 영어의 오라토리오를 출판했다.

하이든은 모차르트의 음악에 친밀하였다. 그들은 서로를 존경하고 서로를 친구로 여겼지만 서로는 전혀 다른 삶을 살았다. 하이든은 한 가문 아래에 수십 년 동안 일했다고 한다면, 모차르트는 비엔나에서 짧은 생애를 프리랜스 음악가로 보냈다. 하이든의 인기와 명성은 평생에 걸쳐 커졌다고 한다면, 모차르트의 경력은 그가 젊은 나이에 사망했다는 것을 비추어 보아 어린 시절에 시작하여 짧고 굵게 마무리되었다고 할 수 있다. 이러한 본질적인 차이점이 있었음에도 불구하고, 두 작곡가는 그 당시 음악계에서 아주 완벽한 진수를 보여준 인물들이다.

모차르트는 음악 가문에서 태어났다. 그의 아버지 레오폴드는 뛰어난 바이올리니스트이자 작곡가였으며, 모차르트를 어린 나이부터 다양한 장르와 스타일의 음악을 경험하게 해주었다. 6살의 어린 나이에 모차르트는 이미 그의 가족과 함께 유럽 연주 여행을 했을 정도로 음악의 천재였다. 모차르트는 유년 시절에 밀라노, 잘츠부르크, 비엔나에 연주 여행을 다니면서 음악적 자질과 경력을 쌓아 나갔으며, 귀족이나 기관의 후원 하에 다양한 직책에서 돈을 벌거나 프리랜스 연주자, 선생님 그리고 작곡가로 일하면서 생계를 유지했다.

또한 모차르트는 유명 피아니스트로서 소나타, 판타지아, 변주곡, 피아노 듀엣한 피아노의 두 연주자 등 피아노 레퍼토리를 많이 작곡했다는 것은 이미 잘 알려진 사실이다. 그의 19개의 피아노 소나타는 교육적 레퍼토리로 필수 요소가 되었으며, 당시에도 상당한 인기를 끌었다. 그의 소나타는 단순한 화성의 왼손 반주에, 오른손의 노래 선율과 같은 멜로디, 그리고 다양한 스타일과 감정 들이 아주 잘 혼합되어 있다는 것이 특징이다.

하이든만큼 많은 양을 쓴 건 아니지만 모차르트 또한 많은 양의 현악 4중주곡을 작곡했다. 사실, 모차르트는 하이든의 현악 4중주곡에 사용된 작곡기법을 모방하기도 했다. 물론 모차르트의 음악적인 언어와 스타일도 하이든의 영향을 받았다. 하이든과 마찬가지로 모차르트도 많은 교향곡50곡 이상 을 작곡했지만, 오히려 모차르트는 오페라 작곡에서 대성을 거두게 된다. 그의 오페라는 전 세계 오페라하우스에서 정기적으로 공연이 될 정도였으니 말이다. 〈피가로의 결혼The Marriage of Figaro〉, 〈돈 조반니Don giovanni〉, 〈코지 판 투테Cosi fan tutte, 여자들은 다그래 〉는 과거에도, 그리고 현재에도 가장 성공적인 코믹 오페라이며, 대표적인 오페라 세리아로 〈티토 황제의 자비 La clemenza di tito, The Mercy of Titus 〉와 〈마술 피리 The Magic Flute 〉를 빼놓을 수 없다.

〈마술 피리〉는 오페라의 역사에서 특히 중요하다. 독일어로 쓰인 독일어 제목은 <Die Zauberflöt>이다 이 오페라의 풍부하고 엄청난 음악성은 독일 오페라의 역사에서도 가장 위대한 오페라로 손꼽힌다. 〈마술 피리〉는 모차르트가 사망하기 전 완성한 작품 중 하나였으며, 그는 유명한 〈레퀴엠 Requiem 〉을 결국 완성하지 못하고 눈을 감고 만다. 미완성 〈레퀴엠〉은 오랫동안 신비와 전설에 싸여 있었다. 〈레퀴엠〉에 관한 답이 없는 질문이 많이 남아 있긴 하지만, 이 작품이 시간을 초월하여 오늘날까지도 대중문화에 잘 스며들었다는 것은 누구나 다 아는 사실이다.

모차르트

모차르트의 아내인 콘스탄체가 곡을 마무리하고 나머지 작곡비를 받기 위해 다른 작곡가들 – 프란츠 프레이슈태틀러 Franz Jakob Freystädtler

와 요제프 이블러 Josef Eybler에 이어, 결국엔 프란츠 쥐스마이어 Franz Süssmayr까지 - 에게 연락하게 된다. 악보의 사인과 〈레퀴엠〉의 노트를 기반으로 봤을 때, 어떤 부분이 순수 모차르트의 작품인지, 다른 누군가에 의해 마무리가 되었는지 혹은 완전히 다른 누군가로 인해 새로 쓰였는지 알 수 있다. 모차르트는 죽음에 이르러서 겨우 전체 곡 중 도입부를 완성하게 된다 오케스트라 음악까지 포함하여. 8마디로 된 라크리모사 Lacrimosa를 제외하고, 모차르트는 자비송 Kyrie에서 봉헌송 Offertory 끝부분까지 4개의 성악 파트와 베이스 라인을 작곡했다.

쥐스마이어는 이런 음악적인 조각들을 가지고 자비송, 부속가, 봉헌송의 오케스트라 파트를 완성했으며 상투스, 베네딕투스, 하느님의 어린양을 새로 작곡을 하게 된다. 쥐스마이어는 모차르트의 성체 배례송 the Communion의 재현부를 첫 두 개의 악장을 따와 마무리했는데, 모차르트의 의도가 거기에 담겨 있다고 판단했기 때문이었다.

18세기말 이래 하이든과 모차르트는 고전 작곡가 중 가장 위대한 작곡가로 칭송받았다. 그들은 각자 매우

프란츠 쥐스마이어

*모차르트라면 어떻게 썼을까?

다른 음악가로서 삶을 살았지만 각각 작곡가와 연주자로서 큰 성공을 거두었으며, 그들의 작품들에 대한 사랑은 사망한 후에도 수 세기 동안 이어져 오고 있다. 그들의 작품은 베토벤과 19세기 작곡가들에게 표본이 되었으며, 그들의 음악은 궁극적으로 서양음악사에서 '고전적' 작품의 교과서로 알려지게 되었다.

CHAPTER 19

베토벤
고전이냐 낭만이냐, 그것이 문제로다

18세기말과 19세기초는 혼란과 혁명이 도래한 시기였다. 1799년에서 1804년 사이에 장군이자 프랑스의 전쟁영웅인 나폴레옹 보나파르트는 입법부를 무시하고 군사력을 통합하며 자신이 왕좌에 앉기로 결정한다. 프랑스 혁명은 결국 나폴레옹 전쟁으로 이어지게 된다. 나폴레옹이 이웃국가를 침략하고 프랑스 영토를 확장하고 형제자매를 요직에 앉히고, 840년 된 신성로마제국을 멸망하게 하는 전쟁을 벌인 것이다. 워털루에서의 패배 후 프랑스 혁명과 나폴레옹 전쟁은 결국 실패했으며 나폴레옹은 추방되고 만다. 비로소 프랑스는 군주가 아닌 문화유산으로 국가의 정체성을 통합하게 된다.

한편 비교적 덜 폭력적인 혁명도 있었는데, 영국에서 일어난 산업혁명이 바로 그것이다. 산업혁명에서 기술적인 혁신이 나타나면서 농업에서 제조업 기반의 산업경제로 바뀌게 된다. 기술혁신으로 인해 대형공장이 대량생산을 할 수 있게 되어 가격을 낮추면서 생산량을 늘릴 수 있었다. 산업혁명은 실제로 많은 경제적인 이익을 불러일으켰으며, 그 결과 많은 이들에게 경제적인 호황을 가져다주었다. 루드비히 반 베토벤 Ludwig van Beethoven, 1770~1827 과 그의 혁명적인 음악 아이디어는 유럽의 당시 혼란스러운 상황을 정확하게 반영했다.

이 챕터의 제목은 다음과 같은 질문에서 시작된다. 베토벤 음악은 고전적인가, 낭만적인가? 단순하면서도 단순하지는 않지만 대답은 "그렇다"라고 할 수 있다. 베토벤의 연대기를 살펴보자면, 두 개의 섹션으로 나눌 수 있다. 베토벤은 하이든과 모차르트의 양식을 받아들였지만, 점차적으로 그의 인생 전반에 걸쳐 음악 소리를 영원히 바꿀 자신의 음악적 혁명을

루드비히 반 베토벤

이끌게 되었다. 겉으로 보기에는 단순하지만 베토벤의 경력과 음악은 사후 학자에 의하여 3개의 시기로 분류되었다. 첫 번째 시기는 1770년 출생으로 시작하여 베토벤이 자신의 청력이 잃고 있음을 알게 된 1802년까지라 할 수 있다. 이 기간 동안 베토벤은 바로 위 선조하이든과 모차르트 의 음악을 숙달하였고 자신만의 음악 스타일도 확립하였다

두 번째 시기는 1814년 말까지로 그에게 여러모로 수난을 가져다 준 시간이기도 했다. 그의 청력이 거의 사라졌고, 가족과의 문제로 인해 고통을 받았으며 소외감을 많이 느끼게 되었다. 반면 이 기간 동안 베토벤의 음악이 새로운 수준의 표현과 극적인 감흥으로 끌어 올려져 인기가 엄청나게 증가하였다. 세 번째이자 마지막 시기는 1815년부터 베토벤이 사망한 1827년까지다. 베토벤 인생에서 마지막 음악작품은 그의 내적인 감성이 많이 담겨지면서, 연주자들은 더 연주하기 어려워 했으며 청중들은 이해하기 더욱더 어려워 했다. 베토벤의 첫 번째 시기를 지역적으로 나누어 살펴보면 더 한눈에 이해할 수 있다. 본에서 유년시절을 보냈던 베토벤은 비엔나에서 10년을 보냈다. 그는 아버지와 지역 음악가들의 지도로 어린 나이에 음악공부를 하게 되었다. 1792

년 22세 나이에 베토벤은 마차로 500마일을 달려 비엔나로 가게 되는데, 그곳에서 대가인 요제프 하이든을 만나 사사했다. 하이든은 2년 후 비엔나를 떠나 런던으로 가게 되지만 베토벤은 학업을 계속하고 기량이 높은 피아니스트와 작곡가로 자리매김을 하게 된다. 몇몇 부유한 귀족들의 너그러운 후원 덕분에, 베토벤은 음악가로 발돋움을 하는 공개 공연을 많이 할 수 있었다.

베토벤은 기량이 상당히 뛰어난 피아니스트였기 때문에, 그가 작곡한 첫 작품이 피아노곡이라는 것은 별로 놀라운 사실도 아니다. 특히 아마추어 세계에서 그의 피아노 소나타의 인기는 상당했다. 원래 건반악기 소나타는 관례적으로 주로 아마추어들이 연주하는 곡이었지만, 그의 초기 소나타는 기술적으로 많은 기량을 요할 정도로 아마추어들에게는 고난이도 곡이었다. 베토벤은 모차르트가 확립한 갈랑 양식을 따라 스타일이나 감정의 강한 대조를 사용했으며, 구조를 묘사하고 광범위한 음악적 스펙트럼을 표현하는 방법을 탐구했다. 하이든이 현악 4 중주곡의 대가라는 것을 알고 있었던 베토벤은 현악 4중주 분야에 손을 대기 전 비엔나에서 자신의 입지를 다질 때까지 기다렸다. 그 이유는 베토벤이 자신의 현악 4중주곡이 하이든의 그것과 비교될 것이라는 것을 알았기 때문에, 그는 자신이 우수한 작곡가로 증명될 때까지 기회를 기다렸다.

1803년경 베토벤은 음악인생 중반기에 더 새롭고, 어떻게 보면 더 야심찬 스타일로 작곡했다. 엄청난 인기, 확립된 명성, 후원자와 출판사 들의 광범위한 지원 덕분에, 베토벤은 위험을 감내하더라도 더 실험적인 곡을 작곡했다. 당시 베토벤의 재정적인 상태가 매우 좋았기 때문에, 자신의 작품을 최종적으로 출판하기 전에 쓰고 고치고 하여 더욱더 세련되게 만드는 데 상당한 시간을 투자했다. 하지만 동시에, 베토벤 인생에서 최악의 위기가 찾아왔는데, 바로 그가 자신의 청력 상실이 영구적으로 진행되고 있다는 것을 알게 된 것이다. 청력 상실은 음악을 업으로 삼고 있는 한 예술가에게는 치명적일 뿐만 아니라 상상도 할 수 없는 일이었다. 잠시 동안 자살을 생각할 정도로 힘들었지만, 베토벤은 내면의 소리를 이용하여 음악을 작곡하였고, 이런 인간적 용기가 음악에도 상당히 반영되었다. 그래서인지 그의 음악적 주제는 마치 많은 투쟁과 어려움을 겪고 승리한 영웅에 대한 이야기를 담고 있는 것 같다.

기악음악에 이러한 유형의 극적인 내러티브는 실제로 음악사에서는 새로운 콘셉트라고 할 수 있다. 베토벤은 하이든과 같은 방식으로 음악적 주제와 소재 들을 계속 창작했지만, 규모면에서 이전에는 없던 스케일을 확장하여 보여주었다. 베토벤의 새로운 음악적인 접근을 보여주는 전형적인 작품이 있다. 바로 세 번째 교향곡 〈에로이카 심포니 Eroica Symphony, 베토벤은 〈영웅 교향곡〉이라고 제목을 붙였다.〉'이다. 이 교향곡은 두 가지의 요소로 인해 혁명적인 작품으로 평가받는다. 첫째, 다른 교향곡에 비해 현저하게 길고 매우 광활하다. 둘째, 교향곡의 제목과 내용은 영웅을 찬사하고 그 영웅의 위대함을 표현하는 극적인 서사를 다룬 것이다.

여러 관점에서 이 작품은 고행과 역경을 이겨낸 베토벤의 능력을 고스란히 반영한 작품이라 할 수 있다. 이 시기 그의 또 다른 중요한 작품은 오페라 〈피델리오Fidelio〉〈3개의 피아노 협주곡〉〈교향곡 5번〉과 〈교향곡 6번〉이다특히 <교향곡 5번>은 역사상 베토벤의 작품 중 가장 잘 알려진 작품이다 .

베토벤의 인생 후기는 가장 우울증이 심했을 때이며 커다란 소외감에 시달리면서 작곡을 하는 속도가 현저히 느려진 시기다. 베토벤의 청각장애는 계속 악화되었고, 1818년에는 거의 모든 청력을 상실했다.

이것 때문에 친구는 물론 가족 들과의 연락이 끊겼고 그만의 망상에 빠지게 되었으며, 급기야 편집증까지 생겼다. 그의 음악에는 이러한 삶과 심리적 변화가 그대로 반영되었다. 베토벤은 대중을 생각해서 곡을 쓰는 대신에, 음악학자와 음악 전문가 들의 평가를 진두지휘하는 음악을 창작했다. 고전적 음악 형식은 베토벤 음악의 기초가 되었지만, 동시에 초기 낭만적 요소와 극적인 표현도 역시 베토벤 음악에 걸쳐져 있었다.

베토벤 음악은 계속해서 범위가 확장되었고 동시에 지적인 요소가 많이 포함되었다. 그의 작품은 통일성, 모방푸가, 그리고 전통양식을 반영하는 특징을 띤다. 베토벤의 후기 음악 중 〈현악 4중주 올림 다단조, 131번String Quartet in C# minor, Op. 131〉는 대표적인 작품이다. 전통적인 4악장 구성의 현악 4중주에 비해, 이 작품은 무려 7악장으로 구성돼 있는데 멈춤이나 쉼 없이 끝까지 연주하는 곡이다. 전통적인 현악 4중주곡은 빠른 악장으로 곡을 시작하지만 베토벤의 〈현악 4중주Op.131〉는 느리고 멜랑콜리한 푸가로 시작한다.

베토벤이 죽기 전의 마지막 공연은 상징적인 작품이라 할 수 있는 〈장엄 미사Missa Solemnis〉와 〈교향곡 9번〉이며, 두 작품 모두 전례 없는 스케일원문에서는 scope와 breadth가 따로 적혀 있지만 이것을 '스케일'이라는 단어로 묶어서 설명함, 길이, 그리고 깊이를 가지고 있다.

*영화 〈마지막 4중주〉(2012)에 수록된 메인 곡이자, 영화 속 현악 4중주단의 멤버들을 하나로 연결시켜 주는 곡이 이 곡이다.

V

늘 달콤하기만 하지 않는 낭만의 시대

CHAPTER 20

대체 낭만주의는 뭐야?

1820년부터 19세기 말, 낭만주의 시대의 음악은 문학과 예술에서의 낭만주의와 평행을 이루었는데, 그것은 멜로디, 개성, 참신함 및 감정에 대한 강조가 증가함에 따라 나타났다. 중세 로맨스, 영웅적인 사람이나 사건에 관한 시 또는 이야기에서 파생된 낭만주의는 전설적이거나, 멀리 떨어져 있거나, 환상적인 것, 다시 말해 일상적인 현실을 뛰어넘는 이상과 관련이 있었다. 이 용어는 19세기의 문학과 예술에 대한 기술어구로 시작되어 후에는 당시의 음악에까지 적용되었다. 낭만주의 음악은 작곡가 자신의 표현과 개인의 정체성에 중점을 두었다. 게다가 그것은 독창적이고 극단적이며 도발적이며 흥미롭고 표현력이 있는 것을 추구했다. 대조적으로 고전시대의 음악은 우아함, 구속, 단순함 및 보편적 호소를 표현하려 했다. 베토벤은 두 시대의 이상을 반영한 작곡가라는 점에서 이 두 시기를 잇는 교두보였음은 분명하다.

낭만주의 작곡가들은 아마추어 연주자와 청중에게 호소하는 음악을 작곡하려고 노력했다. 음악의 범람 속에서 그들은 작곡을 돋보이게 하기 위해서, 새롭고 개인적 양식을 개발하고 접목했다. 또한 기억에 남을 만한 좋은 멜로디, 흥미로운 반주, 강한 음악, 음악적 이미지, 국가 및 이국적인 스타일 등이 연상되는 작곡과 흥미진진한 제목 작성을 지향했다. 작곡집 출판의 경쟁은 음악의 조화와 음조의 혁신에 대한 관심을 고조시켰다. 예술적 형식에서 낭만주의 음악은 짧은 피아노곡, 노래와 같은 아름다운 선율, 매혹적인 화성에 큰 가치를 두었다. 추후 이 이상은 더 큰 형태의 작품으로 바뀌었다. 낭만주의는 그 당시 유럽의 문화와

사회에 대한 직접적 반영이라고 할 수 있다. 과학과 기술은 사회와 경제의 발전 원동력이었으며, 낭만주의는 신화나 꿈 같은 초자연적인 현상에 중점을 두면서 평범하고 무료한 현실을 벗어나려고 노력했다. 어떤 낭만주의자들은 농촌생활을 받아들였고 대자연에서 피난처와 영감을 얻으려고 노력했다. 산업혁명은 대량생산과 생활의 균일성을 가져 왔으며, 낭만주의는 개성적, 참신함, 무한함, 이국적인 것을 지향했다. 예술은 더 이상 단순히 생계를 유지하는 수단이 아니었으며. 그것은 삶의 현실을 벗어나 '높은 영역'에 접근하는 방법이었다.

음악미학의 극적인 변화로 작곡가들은 더 넓고 강렬한 감정을 표현하려는 자유와 욕망을 느꼈다. 낭만주의 작곡가들은 전통적인 형식에 경의를 표하면서, 낭만주의 미학은 전통적인 형태와의 유대를 깨고 음악에서 새로운 아이디어를 탐구하도록 강요했다. 기악음악은 낭만주의의 한계에서 벗어나 이상을 추구하는 데 적합한 음악 형식으로 받아졌다. 이러한 기악음악 작품은 어떠한 단어나 이미지와 관련이 없는 '절대음악absolute music'으로 간주되었으며, 낭만주의 작곡가는 독특한 음악과 '표제음악programmatic music, 주로 제목으로 분위기, 성격 또는 장면을 나타내는 작품', 다시 말해 특정 서사 또는 이야기를 구체적으로 표현하는 작품을 썼다.

CHAPTER 21

성악과 피아노 음악의 혁신

낭만주의 음악은 주로 성악과 피아노를 위해 작곡되었으며 최소한의 힘으로 다양한 표현이 가능하도록 창작되었다. 곡의 길이와 형식은 다양했으며 단음, 유절 형식의 멜로디부터 극음악의 미니어처까지 곡 전체에 걸쳐서 스타일의 대조가 극명하게 드러났으며, 한 성악가가 여러 인물에 대한 노래를 부르는 등 그 표현방식 또한 다양했다. 낭만주의 성악음악에서 가장 중요하고 존경받는 노래는 독일의 '리트 Lied, 독일어로 '노래' '다. 이것은 시, 음악, 표현, 음악 이미지 및 민속 스타일을 결합한 이상적인 낭만주의 예술형식이 되었다.

약 1800년 이후, 독일 노래집의 출판 덕분에 리트의 인기는 1700년대 후반부터 1800년대 초반까지보다 100배나 급증했다. 리트의 주된 원천인 시는 고전적 및 민속적 전통을 이용했고, 종종 자연이나 사회와 같은 더 큰 규모나 개인의 경험에 대한 주제를 강조하기도 했다. 고대 그리스 로마의 위대한 서정시를 모델로 한 가사는 시의 주요 장르였다. 짧고 비대한 시는 짧은 유절 형식을 취했으며, 개인적인 감정이나 관점을 표현한 단일 주제에 중점을 두었다. 또 다른 일반적 시의 형태는 영국 민요를 모방한 발라드였다. 발라드는 스토리를 담고 있는데, 종종 묘사와 서술을 번갈아 가면서 표현했으며, 초자연적 혹은 불가사의 사건을 다루었다. 리트 작곡가들은 그들의 곡을 연가곡 형태로 만들었는데, 이것은 다악장 노래와 같이 이전의 노래 후에 바로 다음의 곡이 연주되게끔 하는 것을 의미한다.

리트의 대가들은 당연히 독일 작곡가, 프란츠 슈베르트Franz Schubert와 로베르트 슈만Robert Schumann 이었다. 슈베르트 1797~1828 는 낭만주의 리트에서 첫 번째로 위대한 작곡가였으며 다른 장르의 곡도 다작했다. 모차르트와 마찬가지로 슈베르트는 매독으로 31세라는 젊은 나이에 사망했지만 세대를 초월하는 아주 훌륭한 음악을 만들었음을 부정할 수 없다. 그는 짧은 음악적 경력에도, 600곡이 넘는 가곡과 35곡의 실내악 앙상블, 22개의 피아노 소나타, 짧은 형태의 피아노곡, 17개의 대규모 극음악, 6개의 미사곡, 약 200개에 이르는 합창곡을 작곡했다.

만약 슈베르트가 평범한 삶을 살았다면 그런 음악들이 머릿속에서 떠올랐을 것이라고는 상상할 수 없을지도 모른다.

슈베르트가 많은 시인들의 시를 가사로 사용했지만, 그가 가장 좋아했던 가사는 괴테의 시였다. 괴테의 시로 거의 60곡에 가까운 가사를 썼다. 슈베르트에게 음악과 가사는 절대적으로 동등했다. 음악은 가사의 틀로만 역할하지 않았고 텍스트는 단순히 음악적 영감으로만 작용하지 않았다. 슈베르트는 멜로디, 조화, 형태 및 반주의 요소를 통해 시의 성격, 분위기, 상황 및 감정을 완전히 구현하려고 노력했다. 어떤 경우에는 슈베르트가 가사를 '변형 유절 형식 modified strophic form'으로 작업하였는데, 변형 유절 형식은 기본적으로 같은 절을 유지하면서도 각 절이 조금씩의 변화를 꾀하는 것을 말한다.

그의 멜로디는 시의 성격, 분위기 및 상황을 완벽하게 반영하는 것을 목표로 했으며 반주도 마찬가지였다. 피아노 반주는 단순 화성 반주부터 끊임없이 상승하고 떨어지는 반주와 같이 극적인 장면 묘사에 이르기까지 다양하였는데, 슈베르트의 대표곡 〈물레 감는 그레첸 Gretchen am Spinnrade〉에서 이러한 양상이 두드러지게 나타난다.

나 아직
쓸 게 많아서
일찍 가야 해,
오! 나 아직
시간이 좀
있구나!

프란츠 슈베르트

슈베르트 다음으로 독일 리트를 계승한 작곡가는 로베르트 슈만 1810~1856 이었다. 그는 1년 동안 120곡이 넘는 가곡을 썼고, 스스로 '한 해의 노래Year of Song'라고 칭했다. 슈만의 작품 중 〈시인의 사랑Dichterliebe〉과 〈여인의 사랑과 생애Frauenliebe und liben〉처럼 사랑을 주제로 한 곡들이 많았는데, 사랑에 대한 슈만의 감성은 이후 클라라와의 결혼까지 이어지게 되었다. 슈만의 가곡은 사랑에서 오는 다양한 감정을 표현했으며, '음악과 시'라는 이 두 관심사를 합치려고 노력했다. 이런 사랑에 대한 작업은 슈만에게 상당한 액수의 돈을 벌 수 있게 만들었다.

로베르트 + 클라라 슈만

슈베르트와 마찬가지로 슈만은 음악이 시의 본질을 가져야 한다고 확고하게 믿었다. 한편 슈베르트와는 달리, 멜로디에서 벗어나 반주의 독립성을 구축하려고 했던 슈만은 성악과 피아노가 동등한 위치에 놓일 수 있도록 작업했다. 특히 그는 곡의 기다란 도입부와 간주, 그리고 마무리 부분에 주로 반주를 사용했다.

리트와 맞먹는 인기를 자랑한 장르가 피아노 음악이었다. 피아노 교수법, 아마추어의 즐거움, 그리고 공연을 위해서 피아노 반주 음악들이 사용되었다. 슈베르트는 아마추어 시장을 겨냥한 수많은 피아노 작품을 작곡하는 데 성공했는데, 그 중 대부분은 독특한 분위기의 짧은 서정적 작품이었다. 또한 슈베르트는 피아노 소나타뿐만 아니라 많은 피아노 이중주를 작곡했다. 아울러 그는 큰 스케일의 다악장, 나아가 음악 형식을 더 확장하기 위해 상당히 고민을 많이 했다. 그래서 슈베르트가 피아노 음악 작곡가보다 성악 작곡가로 더 높이 평가를 받는 사실은 타당해 보인다.

반면 슈만은 피아노와 성악 작곡 두 가지 필드에서 성공을 거둔 인물이다. 사실, '가곡의 해'인 1840년까지 작업했던 그의 모든 출판물은 솔로 피아노 작품이었다. 그는 몇 편의 긴 피아노 작품을 작곡했지만, 대부분은 짧았으며 〈파피용Papillon, 나비〉과 〈카니발Carnival, 사육제〉과 같은 제목을 붙여 그가 상상한 캐릭터들을 모아서 곡으로 묶기도 했다. 제목에서 나타난 것처럼, 슈만은 청취자가 자신의 음악을 음악 외적인 이미지와 연관시키는 것을 원했다. 그래서 슈만은 피아노 음악에 자신의 강렬하고, 꿈같은, 혹은 엉뚱하면서도 박식한 성격을 반영하려고 했다.

낭만주의 시대의 피아노 음악 중 가장 많이 다작을 한 작곡가가 있었는데, 둘 다 독일인이 아닌 프레데리크 쇼팽Fryderyk Chopin 과 프란츠 리스트Franz Liszt 이다.

쇼팽1810~1849 은 바르샤바 근처에서 폴란드계 어머니와 프랑스계 아버지 사이에서 태어났다. 쇼팽은 바르샤바와 비엔나에서 음악교육을 받았는데, 그 영향이 그의 음악에 고스란히 담겨 있다. 또한 프랑스의 주요 음악가들을 만나면서 프랑스 음악 양식의 영향을 받기도 했다. 쇼팽은 총 200곡이나 되는 솔로 피아노곡과 피아노와 오케스트라를 위한 대규모 편성의 작품들, 그리고 20개의 가곡과 몇 곡의 실내악곡을 남겼다. 그는 아마추어를 위한 교육용 작품들을 썼는데, 이런 작품은 높은 기교가 요구가 되는 만큼 매우 도전적이면서 동시에 대중 공연에도 안성맞춤이었다.

이 곡이 바로 우리가 잘 알고 있는 〈에튀드études〉다. 유명한 이 작품 외에도, 쇼팽은 왈츠, 마주르카, 폴로네이즈와 같은 춤곡을 피아노로 많이 작곡한 것으로 유명하다. 종종 그의 제자들을 위해 작곡된 이 작품들은 연주하기에 매우 쉬워서 아마추어 피아니스트조차도 연주의 성취감과 자부심을 느낄 정도였다. 쇼팽의 왈츠가 비엔나 무도회장과 같은 이미지를 불러온다면, 마주르카와 폴로네이즈는 지극히 폴란드적인 색채가 묻어났다. 쇼팽의 〈녹턴Nocturne〉은 가장 아름다운 피아노 작품 중 하나며 풍부한 화성 위에 선율이 우아하게 나오는 짧은 무드곡이다.

프레데리크 쇼팽

쇼팽은 작곡가이자 뛰어난 교사로 알려져 있었지만, 프란츠 리

프란츠 리스트

스트1811~1886 는 당시 가장 다작을 하는 거장 피아니스트로 알려져 있었다. 모차르트와 마찬가지로, 리스트는 헝가리와 비엔나에서 어린 신동으로 알려졌는데, 12세에 가족과 함께 파리로 가게 되었다. 당시 리스트에게 엄청난 공연 요청이 들어왔는데, 서유럽과 동유럽에서, 1000번이 넘는 솔로 공연을 했을 정도로 대중적으로도 상당한 인기를 누렸다. 솔로이스트가 혼자서 공연 무대에 오른 것은 리스트가 최초였는데, 오늘날 우리가 알고 있는 '리사이틀'이라는 개념을 확립시킨 게 바로 리스트였다. 리스트의 음악은 헝가리와 루마니아 랩소디에서 영감을 얻었으며, 그의 작품들은 그 장르에서 가장 어려운 기교를 요구하던 곡이었다.

CHAPTER 22

실내악, 합창 그리고 오케스트라 음악의 발전

19세기에 대중공연이 상당히 많았다는 것을 확인했다. 아마추어의 공연이 많아지면서 아마추어 합창단과 오케스트라 들도 생겨나기 시작했다. 동시에, 한때 음악가들의 개인적 즐거움을 위해서 작곡되고 연주되던 실내악은 이제 콘서트 무대 위로 자리를 옮기게 되었다. 이러한 변화는 헨델과 하이든의 오라토리오 합창 음악에서 시작하여 하이든, 모차르트, 베토벤, 다시 말해 '제1빈악파First Viennese School'의 현악 4중주곡과 교향곡에 이르기까지 클래식 레퍼토리의 표준화를 만들었다.

19세기 실내악 작곡가들은 과거 전임자들의 성공에 대한 영광을 그대로 누리게 되었다. 실내악 공연은 교향곡만큼이나 중요한 지위를 점하게 되었고, 특히 제1빈악파와 공통점이 있는 경우에는 더욱더 그러하였다. 작곡가들은 대개 베토벤 중기와 후기 현악 4중주의 특성과 창의력을 롤모델로 삼았다. 슈베르트는 친구와 가족의 즐거움을 위해 모차르트와 하이든의 작품을 모델로 삼아 여러 현악 4중주를 썼다. 그는 피아노, 바이올린, 비올라, 첼로, 콘트라베이스 5중주로 편성된 5악장곡을 썼는데, 그것이 그 유명한 〈송어Trout Quintet〉다. 이 곡을 통해서 슈베르트는 자신만의 독창성과 기발함을 보여주었다. 이 '송어'라는 이름은 송어 5중주 중 4악장인 〈송어The Trout〉의 선율을 주제로

이봐! 자네들은 여기에 있어야 하는 거 아닌가?

한 변주곡에서 유래되었다. 슈베르트의 생애 마지막 두 달 동안 작곡되었던 〈다장조의 현악 5중주String Quintet in C Major〉는 그의 가장 훌륭한 실내악곡 중 하나로 꼽힌다.

펠릭스 멘델스존1809~1847은 대중적 장르의 음악을 작곡하였으며, 또한 상당한 양의 실내악을 작곡하였다. 멘델스존은 베토벤과 매우 흡

사했는데, 자신의 스승과 견주어 자신의 역량을 시험함으로써 스스로 실력을 늘려나갔고, 자신만의 독창적인 음악어법을 구사하였다. 그의 초기 작품 중 가장 유명한 걸작은 〈현악 8중주Octet for Strings, Op. 20 〉다. 1827년에서 1829년 사이 그의 현악 4중주는 베토벤의 후기 현악 4중주곡에서 영향을 크게 받았으며, 각 악장마다 독특한 색채를 지속적으로 유지하는 능력을 발휘했다.

로베르트 슈만은 리트를 많이 작곡하였는데, 1842~1843년 동안 슈만에게 있어 '실내악의 해'가 찾아오게 된다. 다른 많은 작곡가들과 마찬가지로 슈만은 모차르트와 하이든의 현악 4중주를 연구하였고 전통을 기반으로 자신만의 모델을 굳혀갔다. 1800년대 중반까지 실내악은 보다 보수적인 고전 스타일을 이어갔다. 많은 음악가들이 이를 수용하기도 했지만, 베를리오즈와 리스트 같은 급진적인 작곡가들은 이를 거부하기도 했다. 고전적인 스타일과 형식의 연관성에도 불구하고, 실내악에 있어 낭만주의 작곡은 새롭고 독특한 스타일과 해석을 확실하게 투영했다. 전문적인 오케스트라 구성과 달리 19세기 합창단은

우리를 위해 노래
부르는 것이 아니라
사랑을 위해
노래를 부르지.

점점 아마추어 뮤지션의 영역이 되었다.

이러한 추세는 교회뿐만 아니라, 성악가 자신만의 즐거움을 위해 교회 밖의 합창단에게까지 영향을 끼치게 된다. 각 지방 아마추어 합창단은 악보 구매, 지휘자의 급여 등을 지불할 수 있는 역량을 가지고 있었다. 이러한 합창단은 라이프치히, 취리히, 리버풀, 보스턴과 같은 유럽 및 북미 대도시에서 많이 등장하게 된다. 합창단은 성별에 관계 없이 모든 이들에게 열려 있었으나, 프랑스와 독일 그리고 독일인들이 많이 사는 도시에서 남성 합창단이 인기가 많았다.

헨델과 하이든의 오라토리오는 합창단의 핵심 레퍼토리로 구축되었으며, 1815년 헨델과 하이든 재단이 보스턴에 만들어짐으로써 오늘날 미국에서 가장 오래되고 활발한 음악조직으로 남아 있다. 오라토리오 외에도, 이 조직은 바흐의 〈마태 수난곡〉과 〈요한 수난곡〉 그리고 〈b단조의 미사곡〉을 연주하기도 하였다.

펠릭스 멘델스존은 곧 그만의 오라토리오를 작곡하였는데 하이든과 마찬가지로 헨델의 오라토리오를 롤모델로 하였다. 그의 가장 성공적인 오라토리오는 〈바울St Paul〉과 〈엘리야Elijah〉였다. 대규모의 공연은 낭만주의의 다른 작곡가들로 하여금 전례 없는 대규모의 앙상블곡을 작곡하게끔 유도하였다. 엑토르 베를리오즈Hector Berlioz, 1803~1869의 〈죽은 자를 위한 대미사Grande Messe des Morts〉는 20개의 목관악기, 12개의 호른, 100명 이상의 현악기 그리고 무대의 각 네 군데 코너에 위치시킨 4개의 금관악기 앙상블을 포함하여 400명의 합창과 연주자들을 필요로 하였다. 그러나 많은 합창단이 필요한 이런 곡은 너무 대규모였고 공연하기에도 너무 비쌌다. 그래서 '파트송partsong'은 작은 규모의 아마추어 합창단에게 주된 장르가 되었다. 이런 파트송들은 개인적인 여흥이나 애국심부터 자연에 이르기까지 아주 다양한 주제를 다룰 수 있었기 때문에, 독일 리트와 유사하다고 할 수 있었다.

엑토르 베를리오즈

교회 역시 합창음악의 보급에 매우 중요한 공간이었다. 19세기 팔레스트리나가 일했던 교황 예배당에서 모든 교회 음악이 무반주로 연주되었기 때문에, '아카펠라a cappella'의 뜻이 '무반주' 음악으로 이해되기도 했다. 카톨릭 교회와 개신교 교회 두 군데 모두 새로운 아카펠라원래는 이탈리아어로 '성당 안의 기도실'을 뜻한다 음악 작곡을 장려하였다.

합창음악과 마찬가지로 오케스트라 음악은 19세기의 핵심 음악이라 할 수 있다. 오케스트라는 몇 세기에 걸쳐서 그 규모와 수에 있어서 많이 확장되었기 때문에 아마추어와 프로 연주자들이 함께 오케스트라에

속해 있었다. 결국 오케스트라에서 연주하는 일은 오늘날과 마찬가지로 프로 음악가들에게 정규 직업이 되었다. 세기말까지, 유럽과 미국의 주요 도시에 오케스트라가 생겨나게 되었다. 정기적으로 시즌을 열기도 하였지만 모든 오케스트라가 풀타임으로 열었던 건 아니었다. 약 40명에서 거의 100명의 연주자로 오케스트라 규모가 확장되면서 전문성과 예술성을 모두 갖춘 오케스트라가 등장했다. 19세기에 오케스트라는 리더십부터 대중 공연에 이르기까지 상당한 변화를 경험해야 했다.

이 지휘봉으로 군대를 지휘하여 사람들을 지옥으로, 때로는 천국으로 보내지. 이봐, 이건 내 평범한 하루 일과라고.

1700년대에는 하프시코드 연주자 또는 수석 바이올린 오늘날 콘서트 마스터라고 부르기도 한다 이 오케스트라를 리드했었지만, 19세기에는 '지휘자conductor'가 지휘봉을 사용하여 박자를 지휘하고 곡 시작 사인을 주게 되었다 커다란 지팡이 대신 지휘봉을 사용하면서 지휘자들이 사망에 이르는 결과를 줄이기도 했다 . 지휘자는 단순히 앙상블을 이끄는 리더로서 시작하였지만 결국 그 자체로 예술적인 역할이 되

었다. 세기 중반까지 지휘자들은 음악에 대한 해석자로 명성과 찬사를 받았으며, 연주자들을 통틀어 가장 위대한 거장으로 꼽혔다.

18세기 오케스트라가 주로 그 도시의 거주민과 귀족 가문을 대상으로 연주된 반면, 19세기 오케스트라의 주요 관객층은 바로 중산층이였다. 이들은 작곡가들이 즐거움 혹은 유흥의 목적으로 악보를 판매한 대상과 같은 인물이였다. 사실 실제 오케스트라 연주를 듣는 것은 여전히 매우 드문 일이었다. 특히 베토벤 교향곡은 집에서 피아노로 연주가 가능하게끔 편곡하여 출판되기도 했다. 오케스트라 공연에는 교향곡, 합창곡, 실내악 혹은 독주곡 그리고 다시 마무리로 교향곡으로 끝나는 아주 다양한 프로그램이 구성되어 있었다. 또한 오케스트라 공연은 모차르트, 하이든, 베토벤의 작품을 포함하여 클래식 레퍼토리의 입지를 단단하게 굳히는 데 상당히 기여하였다. 19세기의 오케스트라 공연은 제1빈악파의 음악을 포함하지 않으면 완전하지 않았다고 봐도 무방했다.

슈베르트, 베를리오즈, 멘델스존 같은 작곡가는 클래식 레퍼토리 위에 새로운 낭만주의를 이끌었던 인물들이었다. 슈베르트는 더욱더 아름다운 멜로디, 감정의 고조, 화성과 악기 색채의 조화를 꾀하였다. 반면 베를리오즈는 표제음악을 작곡함으로써 교향곡에 색다른 방식으로 접근하였다. 그의 작품 아니, 음악사에서 가장 인기 있고 탁월한 작품이라 꼽히는 〈환상 교향곡Symphonie fantastique〉은 집착이 심하고 한 여인에게 사랑을 구애하는, 사랑의 열병을 앓고 있는 어떤 젊은 남성

에 관한 이야기다. 작품 전반에 걸쳐 베를리오즈는 '고정악상 idée fixe'를 사용하게 되는데, 남자 주인공의 강박적인 사랑이야기는 변주의 형태로 각 악장에 걸쳐서 전개된다.

오케스트라 교향곡 레퍼토리에 많이 기여한 인물은 멘델스존이었지만, 그의 음악에는 베를리오즈나 슈베르트에 비해 더 고전적으로 들리는 듯한 느낌이 없지 않았다. 19세기 전반기에는 역설적으로 낭만주의 작곡가들의 제1빈악파 음악들이 클래식 레퍼토리로 고정되었으며, 기존의 장르를 더 낭만스럽게 표현하려고 했다. 작곡이라는 매체가 중산층들의 취미활동, 직업 그리고 즐거움이 되면서 작곡은 더 이상 귀족과 부자 들만이 향유하는 것이 아니었다.

CHAPTER 23

빅마마의 노래
이탈리아와 독일 오페라의 혁신

지금까지 음악사에서 오페라에 관해 다루지 않았는데, 전혀 중요하지 않아서가 아니다. 오히려 그 반대의 이유인데, 사실 오페라의 역사는 상당히 길고 오래된 전통을 가지고 있다. 오페라의 역사를 다루려면 이 책의 범위를 넘어서게 된다. 그럼에도 불구하고 오페라는 19세기 음악에서 매우 중요한 역할을 했으며, 만일 다루게 된다 하더라도 오페라뿐만 아니라 전반적인 음악에 대한 미친 열띤 토론을 하지 않는 한 매우 어려울 것이다. 그러므로 이 챕터에서는 이 당시 오페라의 발전과 혁신에 많은 공헌을 한 주요 작곡가들을 다룰 것이다.

19세기 전반에 이탈리아의 주요 작곡가로는 로시니, 도니체티, 벨리니가 있으며, 이들의 오페라는 첫 공연 이후 매년 새로운 작품으로 작곡되고 연주되었다. 조아키노 로시니Gioacchino Rossini, 1792~1868 는 유럽 전역에서 엄청난 인기와 명성을 누린 중요한 인물이었는데, -믿거나 말거나- 당시에는 베토벤보다 영향력이 컸다. 오늘날까지 그의 중요한 작품으로 알려진 코믹 오페라 〈알제리의 이탈리아 여인L'Italiana in Algeri〉과 〈세비야의 이발사Il Barbiere di Siviglia〉도 상당히 유명하지만, 사실 로시니는 오페라 세리아 〈오텔로Otello〉로 명성을 얻게 되었다. 그는 또한 '벨 칸토bel canto, 아름다운 노래' 양식을 발전시킨 인물이다. 벨 칸토란 오페라의 모든 요소를 활용하여 아름답고, 서정적이고, 우아한 멜로디로 노래를 부르는 것을 말한다.

빈센초 벨리니Vincenzo Bellini, 1801~1835 는 로시니보

조아키노 로시니

다 한 세대 더 젊은 작곡가로, 로시니가 은퇴한 이후 로시니의 오페라 명성을 들으면서 자란 인물이었다. 34세의 젊은 나이로 사망한 벨리니는 10개의 오페라를 작곡했으며, 그 가운데 가장 잘 알려진 작품은 〈몽유병 여인 La Sonnambula〉, 〈노르마 Norma〉, 〈청교도 I Puritani〉 등이다. 그의 음악은 멜로디의 긴 호흡, 강렬한 감정 그리고 화려한 멜로디가 특징이다. 가에타노 도니체티 Gaetano Donizetti, 1797~1848는 벨리니와 로시니의 동시대인으로 오라토리오, 칸타타, 실내악 및 교회 음악, 약 100개의 가곡, 몇 개의 교향곡, 그리고 70개 이상의 오페라을 작곡한 19세기초 가장 다작의 이탈리아 작곡가였다.

19세기 후반에 주세페 베르디 Giuseppe Verdi, 1813~1901는 도니체티 이후 50년 동안 매우 독보적인 작곡가였다. 그는 〈리골레토 Rigoletto〉, 〈라 트라비아타 La Traviata, 타락한 여인〉, 〈팔스타프 Falstaff〉 등 26편이 넘는 오페라를 작곡했다. 그의 음악은 극적인 요소와 격정적인 면에서 낭만주의의 표본이 되었다. 베르디는 이미 확립된 오페라의 전통 범위 내에 머물면서, 그만의 존재감을 음악계에 드러내기 위해 평생을 바쳤다. 베르디의 극적이고 격정적인 요소는 오페라뿐만 아니라 다른 곡에서도 볼 수 있다. 그의 〈레퀴엠 미사 Messa Da Requiem〉는 대규모 합창단과 오케스트라 편성의 장송곡으로 오페라의 많은 극적인 요소를 담고 있다. 이 작품은 오페라 장르를 한 차원 끌어올리는 역할을 하였다.

베르디 이후 가장 중요하면서 성공적인 삶을 살았던 작곡가는 바로 자코모 푸치니Giacomo Puccini, 1858~1924 다. 그는 베르디의 선율, 극적인 요소와 바그너의 계속 되풀이되는 멜로디바그너를 곧 다룰 것이니 걱정 안 해도 된다 를 자신의 음악 어법에 적절하면서 자연스레 녹아들게 하였다. 그의 오페라는 대조적인 음악 스타일과 화성을 나란히 배치하여 이야기의 대조를 강조하였다. 푸치니의 가장 인정받고 사랑받는 오페라는 바로 〈라 보엠La bohème 〉이다. 파리의 라틴구에 사는 가난한 예술가들의 삶을 그린 오페라인 〈라 보엠〉은 전 세계에 있는 모든 오페라하우스의 주요 레퍼토리가 되었으며, 후에 브로드웨이 뮤지컬 〈렌트Rent 〉로 각색되기도 했다.

자코모 푸치니

한편 독일에서는 음악과 문학이 서로 작용을 하고 있었는데, 이것은 19세기 낭만주의의 전형적인 특징이였다. 이런 요소는 독일 가곡과 기악음악, 그리고 오페라에서 발전되었다. 낭만주의시대에 세계적 오페라 경쟁자로 우뚝 솟아오른 독일 작품은 칼 마리아 폰 베버Carl Maria von Weber, 1786~1826 의 〈마탄의 사수Der Freischütz 〉였다. 이 오페라의 혁신적인 특징은 이야기가 평범한 사람들의 일상생활에 초점이 맞춰 있다는 데 있다. 오페라의 낭만주의적인 요소를 더욱 강조하면서 낭만주의 특유의 초자연적인 것과 황야의 신비로움을 대본에 그대로 담았다.

우리
독일인들은
말이야,
단지 매력적인
머리 스타일
그 이상의
것을 줬다고

칼 마리아
폰 베버

폰 베버의 계보를 이은 리하르트 바그너Richard Wagner, 1813~1883는 19세기의 문화 그리고 모든 음악사를 통틀어 가장 중요한 그리고 악명 높은 작곡가였다. 그는 독일 오페라를 대표하는 작곡가이기도 했는데, 그의 철학은 음악은 물론 타 예술의 모든 영역을 초월하였으며, 그 당시 예술계에서 일종의 종교 수준에 맞먹었다. 음악에서 그는 독일인의 수준을 한 차원 끌어올렸고, 음악극이라는 새로운 장르를 만들었다. 더 나아가 조성의 체계를 완전히 버리면서 후대의 작곡가들에게까지 지대한 영향을 미쳤다.

"음악극"은 극과 음악이 불가분의 관계라는 바그너의 철학에 기반을 두고 있으며, 두 요소가 통합되어 유기적으로 극적인 발상을 만들었다. 〈방황하는 네덜란드인The Flying Dutchman〉과 같은 그의 초기 오페라는 폰 베버의 오페라를 롤모델로 하

물론 모든 음악과
모든 예술이
나 이전까지는
단지 머리 스타일에
불과하였지

리하르트 바그너

고 있지만, 바그너의 유명한 '링사이클'은 음악극이라는 혁신적인 장르를 만들게 하였다. 바그너는 〈니벨룽겐의 반지 Der Ring des Nibelungen〉의 작품과 대본을 만들었다. 이 오페라는 음악과 극의 단순한 조합이 아니라 캐릭터나 주제와 관련하여 되풀이하는 음악적 동기인 '라이트 모티프 Leitmotiv'를 사용했다.

라이트모티프가 가장 잘 표현된 작품이 바로 바그너의 오페라 〈트리스탄과 이졸데 Tristan und Isolde〉다. 이 오페라는 비밀스러운 사랑 이야기를 기반으로 한 작품으로 결국 사랑의 묘약으로 인해 연인이 죽게 된다는 내용을 담고 있다. 현재 오페라하우스에서 널리 공연되고 있지만 처음에는 상당히 비판을 많이 받았다. 왜일까? 바그너가 조성음악의 여러 요소들을 많이 버렸기 때문이었다. 지난 250년에 걸쳐서 확립된 그 음악적 시스템을 말이다.

그 반응은 완전히 혐오스러운 것클라라 슈만은 바그너의 오페라가 "내가 평생 본 것 중 가장 혐오스러운 것"이라고 썼다 부터 본능적으로 상당히 부정적인 반응을 보인 것까지독일 보헤미안 음악평론가 에두아르트 한슬리크는 "옛날 오래된 이탈리아 그림 중 창자가 몸에서 천천히 흘러나와서 매우 괴로워하는 사람의 그림이 떠오른다" 라고 말했을 정도였다 참혹했다. 조성에서 드러난 안정성과 불안정한 음악 구절의 극명한 대조는 바그너 작품의 전형적인 특징이라 할 수 있다. 이처럼 바그너의 이상은 그가 상상한 것 이상으로 극단적이었다.

CHAPTER 24

후기 낭만주의
브람스 그리고 바그너리안

19세기 중반 이후에 작곡된 음악들은 역사적으로 신중하게 보존된 덕분에 초기에 비해 훨씬 더 다양했다는 것을 알 수 있었다. 그 다양성은 실제로 20세기만이 1800년대 후반의 다양한 음악 스타일, 형식, 장르의 빛을 가릴 수 있을 정도로 의미가 있었다. 19세기 이전에는 그 당시 살아 있던 작곡가나 몇 십 년 내에 죽은 작곡가들의 곡이 연주되는 경우가 많았기에, 당시 작곡가가 자신의 음악을 연주하는 관습은 그 다음 세대에나 이르러서야 만날 수 있었다. 19세기 중반까지 합창, 실내악 그리고 오케스트라 공연은 고전 레퍼토리로 구축되어가고 있었다. 제1빈악파의 음악들이 계속 유지되었는데, 이것은 1800년대 중반의 작곡

가들이 커다란 문제에 봉착하게 만들었다. "어떠한 노선을 취해야 하는가?" 당시 작곡가들의 숙제는 이전의 요하네스 브람스Johannes Brahms,1833~1897가 그랬던 것처럼, 어떻게 자신만의 아이디어나 혁신을 첨가하여 모차르트, 하이든, 베토벤의 계보를 이어 나갈 것인가,이였다.

그것도 아니면, 바그너와 리스트가 그랬던 것처럼 새로운 장르와 스타일을 창조하는 다른 노선을 취해야 하는가? 19세기 후반은 음악적으로 상당히 양극화와 대립이 존재했던 시기였다. 예를 들어, 절대음악 vs 표제음악, 전통 vs 새로움, 고전형식 vs 새로운 형식 등 말이다. 어떠한 노선에 관계 없이 확실한 것은 양측 모두 베토벤이 남긴 유산과 유대관계를 맺기 위해서 끊임없이 분쟁했다는 점이다.

요하네스 브람스가 스무 살이 었을 때 당시 공연되던 음악들 가운데

60프로가 이미 죽은 대가들의 곡이었다. 브람스는 과거 대가들이 닦아 놓았던 계보를 이어가기로 하였고, 그 결과 신선하고 혁신적인 소재의 음악을 작곡하는 이들과 경쟁적인 구도에 오르게 되었다. 브람스는 바흐나 베토벤 같은 작곡가들의 음악만 동경했던 게 아니었다. 자신과 반대 노선을 걷고 있는 이들의 음악에서도 작품을 위한 영감을 얻기도 했다. 브람스는 거의 20년 동안 첫 번째 교향곡을 작곡하면서 그동안 베토벤의 그늘 아래 있었다는 것을 잘 알고 있었다.

브람스는 "당신은 나 같은 사람이 항상 그의 뒤에서 그의 거대한 행진을 들을 때 어떤 기분인지 전혀 모른다"고 말한 적이 있다. 실로 베토벤은 거대했었지만 브람스도 그러하였다. 사실 브람스를 흔히들 베토벤의 계승자로 꼽는다. 그의 〈C단조 교향곡〉은 여러모로 베토벤을 롤모델로 삼은 곡이지만 의심할 여지 없이 낭만주의에 속한 음악이었다. 마지막 악장은 마치 베토벤의 5번 교향곡처럼 C장조로 끝나면서 베토벤에 대한 경의를 표한다 브람스는 베토벤의 교향곡 9번 〈환희의

가끔 너는 잠을 좀 자줘야 해, 자장가도 좀 부르고 말이야.

요하네스 브람스

송가〉 멜로디를 다듬고 수정하여 인용하였다.

베토벤의 진정한 계승자로서 브람스의 면모는 오케스트라 음악뿐만 아니라 실내악에서도 드러나게 된다. 24곡의 실내악 작품은 사실 브람스가 엄청 공들인 것에 비해, 그다지 인상적이지는 않다. 그럼에도 브람스의 실내악 작품과 교향곡에는 브람스 풍이라고 분명히 알 만한 그만의 초기 음악어법이 그대로 담겨 있다. 브람스는 피아노 작품 그의 창의적인 스타일, 가곡 슈베르트의 리트를 모델로 인용, 합창음악 하인리히 쉬츠와 바흐의 음악에서 영감을 얻음 등 다양한 스타일의 작품을 썼다.

브람스의 가장 위대한 작품 중 하나는 바로 소프라노와 바리톤 솔리스트, 코러스, 오케스트라로 구성된 〈독일 레퀴엠 Ein Deutsche Requiem〉이다. 브람스 특유의 성악적 모방용법과 가사표현법에서 바흐와 쉬츠 음악이 영향력을 미쳤다는 것을 알 수 있다. 이 음악은 그전의 오래된 음악에서 영감을 받은 반면, 가사 사용에 있어서는 매우 획기적이었다. 죽은 자를 위해 라틴어 미사를 사용하는 대신 브람스는 구약, 외경, 신약에서 구문을 가져와 사용하였다. 브람스는 이 곡을 죽은 자를 위한 미사곡이 아닌 살아 있는 자를 위한 위로의 의미로 작곡했다는 사실은 이미 잘 알려져 있다.

당시 브람스의 음악은 보수적이었지만 사실 그는 과거의 전통 형식을 자신만의 음악 어법으로 잘 녹여낸 선구자였다. 동시에, 이 시기에는 과거에서 벗어나려고 하는 또 다른 부류의 작곡가들이 증가하고 있었다. 음악평론가 프란츠 브렌델은 당시 음악 혁신가인 리스트, 바그너, 베

를리오즈를 묶어 '신독일악파New German School'라고 불렀다. 베를리오즈나 리스트의 이름이 독일어가 아니라는 점을 감안하면 이 말은 별로 의미가 없을지 모르지만, 브렌델은 그들이 베토벤의 발자취를 따라가려고 했다는 사실을 강조했던 것이다. 이러한 작곡가들은 고전 레퍼토리에서 벗어나 바그너의 새로운 노선을 따라했다는 측면에서 '바그너리안' 이라고 불렀다.

놀랍게도, 가장 초기의 바그너리안 가운데 한 명은 프란츠 리스트였다. 프란츠 리스트는 피아니스트로 은퇴한 후 바이마르의 궁정에서 음악 감독으로 일하면서 작곡에 몰두하였다. 그는 자신의 기교적인 재능을 보여주기 위한 작품을 더 이상 작곡하지 않았기 때문에 이러한 전통에서 비교적 자유로울 수 있었다. 그는 '교향시 symphonic poem'라고 불리는 새로운 장르의 오케스트라 음악을 만들었다. 교향시는 그림, 연극,시 또는 다른 예술 형식의 표제가 붙은 단일 악장의 곡이다. 문학시와 비슷한 리스트의 새로운 장르는 바그너가 추구했던 종합예술의 철학 음악과 무용, 노래가 혼연일체가 되는 예술 과 매우 비슷했다.

비엔나 출신 작곡가 안톤 브루크너 Anton Bruckner, 1824~1896 는 바그너 음악의 세계관을 공유했을 뿐만 아니라 바그너의 음악 스타일을 자신의 오케스트라 작품에 완전히 적용하려고 애썼다. 다른 바그너리안 작곡가들과 마찬가지로 브루크너는 베토벤의 음악, 특히 〈9번 교향곡〉을 롤모델로 하여 거의 동일한 수준의 웅장함과 종교심에 도달하려고 상당히 노력하였다. 또한 브루크너의 교향곡은 베토벤의 마지막 악장 이전에에 제시된 음악 요소들을 다시 활용하였다.

한편 휴고 볼프 Hugo Wolf, 1860~1903 의 음악은 바그너가 독일 리트에 접근하는 방식을 잘 보여준다. 볼프는 여러 장르의 음악을 작곡

휴고 볼프

했지만 가곡을 통하여 성공적인 작곡가로 발돋움하게 되었다. 10년 동안 약 250곡의 리트를 작곡한 볼프는 한 번에 한 시인에게만 초점을 맞추었고, 바그너의 이상인 가사와 음악의 동등함을 받아들였다. 그는 바그너의 종합예술철학을 받아들여 음악과 시를 성공적으로 융합했으며 피아노와 성악이 균형을 이루도록 작곡했다. 이 챕터의 작곡가들은 각각 다른 노선을 따라갔지만 모두 그들이 선택한 길에서 성공을 거두었다. 브람스는 바흐, 헨델, 그리고 제1빈악파에게 경의를 표하면서 다양한 전통의 음악적 형식을 사용하여 작곡하였다. 바그너라는 위대한 날개를 단 작곡가들은 종합예술, 형식 그리고 화성적인 측면에서 바그너가 깔아놓은 노선을 따르면서 특정 장르에 더욱 초점을 맞추어 창작했다.

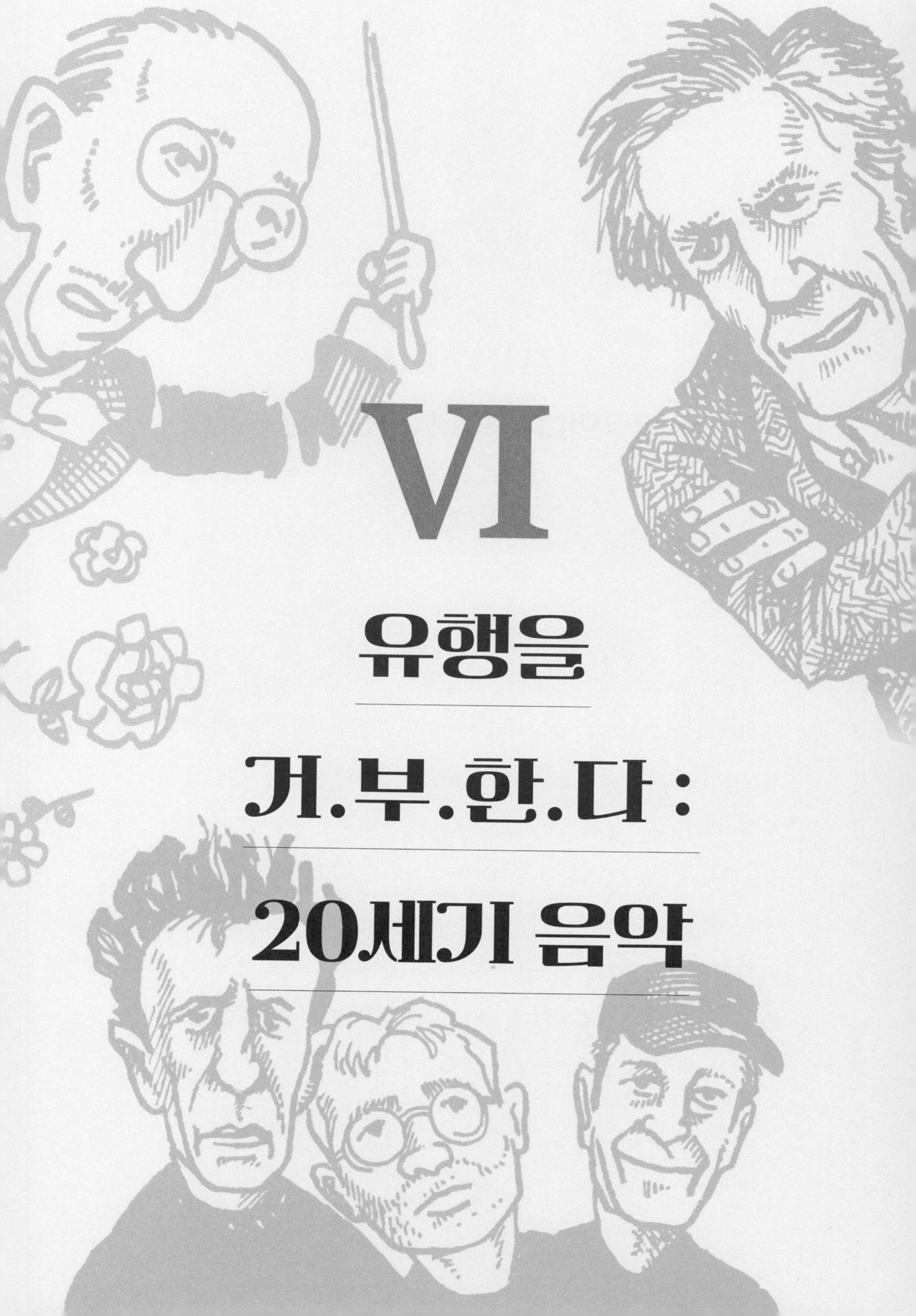

VI

유행을 거.부.한.다 : 20세기 음악

CHAPTER 25

후기 낭만주의냐 현대냐 그것이 문제로다

20세기 초반에는 기술, 사회 및 예술, 특히 음악 분야에서 많은 변화가 있었다. 기존 음악은 클래식이라는 영구불변적인 필드에서 안정된 자리를 찾았다. 공연 프로그램에서 오랫동안 연주되었던 기존의 클래식 음악과 경쟁하기 위해서, 작곡가들은 전통과 새로움의 밸런스를 잘 잡으면서 독창성 있는 음악을 만들어야 한다는 필요성을 절실하게 느꼈다. 과거의 전통과 혁신을 지키는 동시에 과거의 답습을 거부하면서 차별화를 꾀하려고 노력했다. 이러한 딜레마에 각 작곡가들은 특별한 해결책을 고민하게 되었다. 1900년까지 모차르트, 하이든, 베토벤의 고전 레퍼토리는 오케스트라 음악부터 실내악, 솔로 피아노, 솔로 성악음악에 이르기까지 거의 모든 장르를 아우르면서 음악사와 공연장에서 그들만의 입지를 굳건하게 만들어 나갔다.

연주자와 청중 들의 요구는 18세기 이래로 급격하게 변화하기 시작했다. 그들은 항상 새롭고 혁신적인 것을 열망하였고, 이미 몇 십 년이 지난 것들조차도 유행에 뒤쳐졌다고 생각했다. 20세기 관객들은 적어도 100년 이상이 된 음악을 요구하였으며 새로운 음악, 즉 당시의 현대 음악은 클래식 음악이 아니라고 여겼다.

이것은 20세기 초반의 작곡가들에게는 하나의 도전이었다. 아주 오랫동안 존재해왔던 클래식 음악에서 기존의 클래식 음악과 차별화된 독특한 곡을 만들어야 한다는 것과, 연주자들 특히 기존의 대가들의 작품을 옹호해왔던 청중들의 이목을 끌어야 한다는 것. 이 두 가지 숙제를 모두 안고 있었다. 독일과 오스트리아의 작곡가들 두 나라 모두 독일어를 사용한다 은 커다란 도전에 직면한 셈이었다. 그 이유는 두 나라가 고

구스타프 말러

전 음악을 표준화했던 곳이기 때문이다.

당시 활발하게 활동하였던 작곡가들 중 구스타프 말러 Gustav Mahler, 1860~1911 와 리하르트 슈트라우스 Richard Strauss, 1864~1949 가 가장 유명하면서 성공적인 작곡가였다. 두 작곡가 모두 혁신적이고 친숙한 음악을 작곡하면서 동시에 기존 전통을 자신만의 스타일로 구축하는 능력을 갖고 있었다. 말러는 브람스와 브루크너에 이어 교향곡을 상당히 잘 쓰는 작곡가였다. 비록 그는 역동적이면서, 매사에 깐깐하게 표현하는 지휘자로 음악 경력을 시작하였지만 결국에는 작곡으로 전향했다. 그는 지휘 시즌과 시즌 사이인 여름에 작곡을 주로 하였다. 이 기간 동안 그는 5개의 오케스트라 연가곡과 9개의 교향곡을 작곡했지만, 결국 10번째 교향곡은 미완성으로 남겨지게 되었다.

교향곡 작곡가로서 말러는 베토벤이 만들어 놓은 기초 위에 대담하면서도 개인적 감정이 과감히 반영된 교향곡을 작곡하였다. 말러는 교향곡 작곡가의 일은 '세계를 건설하는 것' 이라고 말할 정도도 자부심을 갖고 있었다. 그의 교향곡은 삶의 경험으로 가득 찬 이야기를 하거나 시각적인 것을 재현하는 듯한 느낌을 준다. 또한 말러는 악기 선택에서 그만의 독창적인 스타일을 만들기도 하였다. 사실, 그의 작품에는 상당히 많은 연주자들이 요구되었다. 예를 들어, 〈2번 교향곡〉은 아주 많은 현악기, 17개의 목관악기, 25개의 금관악기, 6개의 팀파니와 다른 타악기, 4개의 하프, 오르간, 소프라노 및 알토 솔리스트, 그리고 큰 합창단으로 편성되었다.

심지어 그의 〈8번 교향곡〉에는 더 많은 연주자들이 요구되어, '천인 교향곡'이라는 부제가 붙게 된다. 말러의 교향곡은 보통 표제를 가지고 있었고, 그 표제를 중심으로 곡이 전개가 되었다. 하지만 말러의 오케스트라 연가곡은 바그너의 영감으로 탄생한 진정한 예술 작품이었다. 그의 〈죽은 아이를 그리는 노래 Kindertotenlider〉는 프리드리히 뤼케르트 Friedrich Rückert의 시를 바탕으로 작곡되어서 들으면 뇌리를 떠나지 않은 작품이 되었다. 〈죽은 아이를 그리는 노래〉에서 말러는 바그너의 음악언어라고 할 수 있는 협화음과 불협화음의 극명한 대조와 불안정성, 그리고 전조를 활용했다. 〈죽인 아이를 그리는 노래〉라는 제목에 걸맞게 표현을 최대한 절제하면서 작곡했다.

말러의 〈대지의 노래 Das Lied von der Erde〉는 독일시가 아닌 중국시의 번역본을 기반으로 한 작품이다. 이 작품에서 말러는 오케스트라와 성악가 솔로이스트 사이의 완벽한 균형을 만들어 냈다. 말러가 베토벤의 계보를 이어 연가곡과 교향곡을 작곡하는 동안, 리하르트 슈트라우스는 다른 노선을 취하였다. 리스트 이후 슈트라우스는 리스트의 계보를 따라 교향시를 작곡하여 성공적으로 자리매김하지만, 다시금 바그너의 영향을 받아 자신의 음악적 무대를 오페라로 옮기게 되었다.

그가 처음 작업한 두 개의 오페라는 지극히 평범했지만, 1905년에 오페라 〈살로메Salome〉가 대박을 터트리게 되었다. 오스카 와일드의 희곡 〈살로메〉독일어 번역본 를 기반으로 한 단막으로 된 곡이며 성경에 나오는 살로메의 이야기를 소재로 하고 있다. 살로메는 투명한 일곱 베일의 옷을 입은 채 춤을 추면서 세례 요한의 목을 은접시 위에 올려 가져달라고 의붓아버지 헤로데 왕에게 요구한다. 요한의 싸늘한 입술에 키스를 하기 위해서다. 이 오페라는 당시 모든 오페라를 통틀어 가장 기괴했다. 슈트

클로드 드뷔시

라우스는 복잡한 불협화음을 사용하여 그만의 스타일로 〈살로메〉를 재창조해 냈다. 이 오페라와 엄청난 인기를 자랑한 〈장미의 기사Der Rosenkavalier〉에서 슈트라우스는 청중들의 감정을 직접적으로 끌어내는 것을 목표로 작곡했다.

오늘날 우리에게 잘 알려져 있는 클로드 드뷔시Claude Debussy, 1862~1918는 말러와 슈트라우스 같이 바그너의 계보를 이어가지 않았다. 그럼에도 드뷔시는 바그너를 좋아했다고 한다. 그의 작품은 인상주의미술의 인상주의와 유사하다 음악이라 불리지만 실제로는 상징주의에 더 가깝다고 할 수 있다. 인상주의는 프랑스 화가인 클로드 모네Claude Monet의 작품에서 생겨난 용어다. 쉽게 이야기하면, 사실적인 묘사를 하는 것이 아닌 예술가들이 눈으로 직접 보고 느끼는 빛의 인상을 묘사하는 것이다.

현대예술운동으로서 상징주의는 폴 베를렌Paul Verlaine과 스테판 말라르메Stephane Mallarme 같은 시인들의 작품에서도 볼 수 있다. 상징주의는 강렬한 이미지, 어긋나는 구문법과 상징을 사용하여 마치 꿈을 꾸는 것과 같은 느낌을 주면서, 직접적으로 이야기하기보다는 개인적 감정과 환상적 경험을 사용하여 묘사했다. 드뷔시는 이 시인들의 작품을 잘 알고 있었고 자신의 곡과 극 음악에 자주 인용하기도 하였다. 드뷔시의 음악은 작품의 의미와 구조에서 이미지를 따와 음악적 분위기를 표현했다. 그래서 그의 음악은 인상적인 느낌이 강하다.

대표적인 곡으로 유명한 〈달빛 Claire de lune〉이 있는데, 폴 베를렌의 동명 시를 바탕으로 한 곡이다. 이러한 그의 스타일은 관현악곡 〈목신에게 바치는 오후 전주곡 Prélude à L'après-midi d'un faune〉에서도 확연히 드러난다. 말라르메의 상징주의 시를 기반으로 한 이 곡은 감정을 직접적으로 드러내기보다 비교적 간접적으로 그 특유의 분위기를 불러일으킨다. 드뷔시는 조성음악이 가지고 있는 한계를 넘어서 새로운 영역까지 도달하게 한 인물이지만, 오히려 그는 후기 낭만주의와 현대 초기에 걸쳐 있었던 인물이라서 사실 음악사적 포지션이 애매한 인물이기도 하다.

20세기 초반에는 근대 음악의 1세대 작곡가들이 많이 탄생했다. 분명 그들의 음악에는 과거의 전통양식이 들어 있었지만 개개인 스타일 자체가 매우 독특하고 너무나 독립적이었기 때문에 후기 낭만주의 작곡가라고 하기에는 사실 어려운 점도 있다. 그러한 작곡가 중 한 명은 드뷔시와 같이 인상주의 작곡가지만 훨씬 근대적인 스타일을 많이 보인 프랑스 작곡가 모리스 라벨 Maurice Ravel, 1875~1937이다. 라벨은 다양한 요소들을 흡수하여 그것을 자신의 곡에 잘 녹아들게 한 대가였다. 영국에서는 레이프 본 윌리엄스 Ralph Vaughan Williams, 1872~1958와 구스타브 홀스트 Gustav Holst, 1874~1934가 영국 음악의 새로운 전성기를 확립하였다.

본 윌리엄스는 영국 민속음악을 많이 차용했으며, 홀스트는 동양적 소스를 많이 인용했는데, 대표적으로 인도 힌두 경전인 리그 베다를 차용하여 〈리그 베다의 찬미 합창Choral Hymn from the Rig Veda〉를 작곡하였다. 본 윌리엄스의 민족주의와 음악적 혁신은 체코 작곡가 레오시 야나체크Leoš Janáček, 핀란드 작곡가 장 시벨리우스Jean Sibelius, 스페인의 마누엘 데 파야Manuel de Falla 그리고 러시아의 세르게이 라흐마니노프Sergei Rachmaninov의 음악에 영감을 불어 넣었다.

20세기초 클래식 작곡가에 대한 평가가 여러 번 바뀌게 되었다. 이전의 음악사에서도 시대 간의 경계를 모호했던 것처럼, 20세기초 음악 역시 후기 낭만주의 대가 작곡가들과 다음 챕터에서 다룰 현대 작곡가들 사이 교두보 역할을 하게 된다. 이 시기의 모든 작곡가들은 후기 낭만주의와 초기 모더니즘의 특성을 모두 보여 주었다. 그것이 말러, 시벨리우스, 라벨, 드뷔시, 라흐마니노프, 슈트라우스가 클래식 필드에서 매우 인기 있는 작곡가로서 입지를 굳건히 다질 수 있는 요인이었다.

모리스 라벨

CHAPTER 26

빈대 잡겠다고 초가집까지 태워버린다
쇤베르크와 친구들

제1차 세계대전 시기에 젊은 작곡가들은 이전의 조상과 동시대인 들이 구축해 놓은 것을 파괴하고, 아주 급진적인 변화를 음악세계에 남겼다. 하지만 동시에, 이전의 전통과도 강한 유대관계를 이어 가려고 했다. 미술계의 모더니스트들이 표현주의, 입체주의, 추상미술을 구축한 것처럼, 음악 작곡가들도 모더니즘을 구축하였다. 이 작곡가들은 청중들에게 기쁨과 감동을 주는 것을 음악의 목표로 생각하지 않았다. 대신에 새로운 현상을 구축하고 과거의 음악에서는 전혀 느끼지 못했던 경험을 선사하는 것이 그들이 추구하고자 했던 사명이었다.

모순적으로 비칠 수도 있지만, 현대 작곡가들은 과거의 대가들을 롤

모델로 삼았다. 그들은 과거의 것을 완전히 버리는 것이 아닌, 기존의 고전 작곡가들의 계보를 이으면서 혁신적인 것으로 재창조하려고 했다. 오히려 이런 작업이 많은 청자들에게 현대 작곡가들이 하는 일은 고전 작곡을 혁신하는 것으로만 인식하게 만들었다.

현대음악의 기반을 닦고 가르치고 리더의 역할을 한 인물이 바로 독일 작곡가 아르놀트 쇤베르크 Arnold Schoenberg, 1874~1951 였다. 그는 처음에는 후기 낭만주의 스타일로 작곡했지만 결국엔 조성이라는 시스템을 넘어 '무조 atonality'라는 개념을 만들었다. 무조란, 쉽게 말해서 조성의 중심 해당 조성의 근음 혹은 가장 중요한 음이라고 생각하면 된다 이 없다는 의

얘들아, 쇤베르크의
음악은 좋은 박자도 아니고
춤추기도 어려워
딕 클라크
아르놀트
쇤베르크

미다. 쇤베르크는 무조라는 용어를 특별하게 정의를 내리지는 않았지만, 그가 조성을 의도적으로 버렸다는 것을 설명하기에는 충분하다. 지난 50년 동안 음악에서 불협화음의 사용이 꾸준히 증가했기 때문에, 쇤베르크는 조성이라는 게 임시방편에 불과하다고 여겼으며, 급기야 조성의 무용론까지도 주장했다. 그의 음악에서 불협화음은 협화음의 해결 없이도 자유로울 수 있다는 '불협화음의 해방'을 쉽사리 발견할 수 있다.

쇤베르크의 첫 번째 무조작품은 완전히 무조였다다시 말해 음을 사용하는 데 있어 어떠한 체계도 두지 않았던 것이다. 하지만 쇤베르크는 결국에 '12음기법'이라는 것을 만들게 된다. 이것은 '음렬주의Serial music'라고도 불렸는데, 12개의 음을 가지고 행렬을 만들어서 음 사용의 중복 없이 12개의 음이 고루 나올 수 있도록 모든 조합의 가능성을 가지고 곡을 쓰는 방법이다. 작곡가들은 이러한 시스템을 사용하여 행렬에 있는 모든 음렬

알반 베르크

을 사용함으로써 작곡할 수 있었다.

쇤베르크가 만든 또 다른 유명한 작곡법 중에 말하듯이 곡을 부르는 '슈프레히슈티메Sprechstimme'가 있다. 더 쉽게 설명하자면, 악보에 있는 음대로 정확하게 노래를 부르지 않으며, 리듬은 정확하게 지키지만 음은 말하듯 한 가지 톤으로 부르는 것이다낭송조의 창법.

벨기에 상징주의 시인 알베르 지로Albert Giraud의 연작 시집에서 따와 작곡한 21개의 연가곡인 〈달에 홀린 피에로Pierrot lunaire〉가 무조와 슈프레히슈티메의 가장 대표적인 작품이다. 음악사에서는 쇤베르크만의 공간이 비교적 작았지만, 그는 20세기 음악의 작곡법, 사고, 그리고 접근에 지대한 영향을 준 인물이다. 또한 그는 전례 없이 복잡한 음악 어법을 만들었으며, 다른 작곡가, 특히 그의 제자인 알반 베르크Alban Berg와 안톤 베베른Anton Webern에게 지대한 영향을 주었다.

이 세 명을 묶어서 '제2비엔나 악파Second Viennese School'라고 불렀다. 베르크1885~1935는 19세에 쇤베르크의 지도 하에 음악공부를 시작하였다. 그는 쇤베르크의 무조음악과 12음기법의 계보를 이어나갔지만, 청자들은 베르크의 음악이 쇤베르크의 음악보다 더 자연스럽고 이해하기 쉽다고 생각했다그리고 때로는 좋다고 느끼기까지 했다. 그의 오페라 〈보체크 Wozzeck〉는 대표적인 작품이다. 이 작품에는 무조와 슈프레히슈티메의 요소가 들어가 있었지만 동시에 고전 전통의 형식과 라이트모티프도 있었다.

한편 안톤 베베른1883~1945은 1904년에 쇤베르크의 제자가 되었으며 같은 해에 베르크도 함께 공부했다. 베베른은 음악이야말로 다른 매체가 표현할 수 없는 것을 표현할 수 있다는 철학을 가졌던 인물이었고, 더 나아가 그는 위대한 예술은 임의적으로가 아닌 필연적으로 발전하게끔 돼 있다고 확신했다. 다시 말해 예술의 진화는 필수다, 라고 생각했던 작곡가였다. 그리고 음악의 관행과 양식은 과거로의 회귀가 아닌 오직 진보만이 있다고 믿었다. 그는 음악사에서 각 단계는 발명이 아닌 발견이라고 보았으며, 이러한 깊이 있는 신념은 그와 그의 선생님에게 음악에 대한 큰 자신감을 주게 되었다. 쇤베르크, 베르크와 마찬가지로 베베른은 후기 낭만주의 스타일, 무조성, 그리고 음렬주의까지 각 단계를 거치면서 음악사에 기록되었다.

또 다른 현대음악의 스펙트럼에서 민족적 전통과 특징을 가지고 혁신적인 음악을 지향했던 작곡가들도 있었다. 이고르 스트라빈스키다음 챕터에서 우리가 다룰 인물이다 를 제외하고, 두 명의 주요 인물로 헝가리의 벨라 바르톡Béla Bartók 과 미국의 찰스 아이브스Charles Ives 가 있었다. 바르톡1881~1945 은 20세기초 음악가로 피아노 교사, 피아니스트, 민족 음악학자, 그리고 20세기 초기의 중요 작곡가였다. 그는 동유럽의 농민과 민속 음악헝가리, 루마니아, 슬로바키아, 불가리아 을 고전 독일음악과 프랑스 음악에 완벽하게 섞어서 작곡하였다. 바르톡은 평생 동안 동유럽을 여행하면서 민속음악과 춤곡 등 수천 곡을 모았다. 그는 민속음악을 편곡하거나 그 음악을 기반으로 하여 작곡하기 위해서 작곡 컬렉션을 만들어 사용했다.

찰스 아이브스1874~1954 는 그만의 현대적인 음악어법이 여러 음악에서 나온다는 점에 있어서 바르톡과 매우 유사하다고 볼 수 있다. 아이브스는 국제적인 음악과 지역의 전통음악을 합성하여서 곡 작업을 하였으며, 미국 민속음악, 개신교 음악, 서유럽 클래식 음악, 실험음악과 같이 친숙하게 느꼈던 음악들을 기반으로 작곡하였다. 아이비스는 어렸을 때부터 당시 대중음악행진곡, 팔러송, 쇼 음악[Show tune, 뮤지컬이나 다른 무대에서 나오는 음악] 뿐만 아니라 부흥회 때 교회에서 들었던 개신교 찬가도 들으면서 자랐다. 10대와 20대에는 교회 오르간 연주자로 일했다그는 나중에 보험 세일즈맨이 되었다 . 오르간 연주자로서 아이브스는 바흐와 멘델스존 같은 위대한 작곡가들의 오르간 음악에 둘러싸여 있었고, 예일대학교에서 그는 더 많은 대가들의 음악을 공부했다.

그는 음악의 전통요소를 지켜가면서 다른 것에 대한 변화를 꾀하면 어떻게 되는지를 실험해보는 '실험음악experimental music' 방식을 택했다. 한편 그는 어렸을 때 피아노를 드럼처럼 두들기면서 연습했는데, 특정 음정만을 연주하면서도 드럼 소리를 제대로 낼 수 있는지를 테스트하기도 했다. 아이브스는 교향곡, 소나타 등의 모든 음악 스타일을 콜라주 주법으로, 합치고 복잡하게 엮어 놓아 자신만의 음악주법을 만들어 냈다.

내 작품은 말이야 음…
이것저것, 그리고
생명보험이랑 비슷한
아메리칸 퀼트와
같다고 할 수 있을까?

찰스 아이브스

CHAPTER 27

이고르 스트라빈스키

솔직히 스트라빈스키만으로 챕터 하나 통째로 다룰 만해!

이고르 스트라빈스키Igor Stravinsky, 1882~1971는 현대음악계에서 상당히 중요 부분을 차지하고 있는 인물이다. 그는 대중적으로 성공한 작품을 작곡했으며 그 작품들은 20세기 음악사에서 기념적인 것들이다. 그의 음악은 이미 3세대 뒤의 작곡가들에게까지도 많은 영향을 주었음을 익히 잘 알려져 있다. 사실 일부 학자들은 스트라빈스키 이후 20세기에 작곡된 모든 음악들의 원류를 찾기 위해서 어떤 식으로든 스트라빈스키로 거슬러 올라갈 수밖에 없다고 주장한다. 그 이유는 스트라빈스키가 클래식 음악을 기반으로 한 많은 작품을 작곡했을 뿐만 아니라, 다양한 스타일의 음악도 많이 작곡하였으며, 그 곡들마저도 완성도가 높았기 때문이다. 스트라빈스키의 초기 음악은 러시아 민족주의 스타일로 알려져 있다.

스트라빈스키는 러시아 상트페테르부르크 근처에서 태어났기에, 그가 첫 작품을 작곡할 때 고향인 러시아의 민족음악에 근원을 뒀다는 것은 별로 놀랍지도 않다. 인기를 끌었던 초기 작품들은 전부 다 발레음악 - 〈불새The Firebird〉, 〈페트루슈카Petrushka〉, 〈봄의 제전The Rite of Spring〉 - 이었으며, 세르게이 디아길레프Sergei Diaghilev가 이끄는 발레뤼스를 위해 작곡한 곡들이었다.

〈불새〉는 러시아 민속 이야기를 기반으로 했으며 작곡 스승인 니콜라이 림스키-코르사코프Nikolai Rimsky-Korsakov 풍으로 작곡했다. 〈페트루슈카〉는 스트라빈스키 특유의 러시아 스타일을 넌지시 보여주는 곡이다. 하지만 또 다른 작품 〈봄의 제전〉은 스트라빈스키가 동시대 작곡가들과는 확실히 다른 차별화를 보여주는 곡이었다. 〈발레〉는 러시아 슬라브족의 원시 제전을 소재로 하고 있는데, 소녀가 의식의 제물로 선택되면서 죽음에 이를 때까지 춤추는 모습을 그렸다. 전체적 구성은 적나라하고, 비문명적이고, 본원적인 원시주의에 기반하고 있다.

〈봄의 제전〉이 초연될 때 '원시주의Primitivism'라고 불리는 새로운 양식에 충격을 받은 관중들은 거의 폭동을 일으킬 정도였다고 한다. 관중들은 마치 이교도들이 풍요제사를 지내는 것처럼 느꼈으며, 조잡하고 무성한 불협화음과 쿵쾅거리면서 두들기는 듯한 리듬에 야유를 보냈다. 하지만 결국 이 작품은 현대음악의 시초가 되었으며, 가장 많이 연주되는 현대음악 작품들 가운데 하나로 손꼽히게 된다.

스트라빈스키의 중기는 신고전주의적인 성향이 매우 강했다. 이 당시, 러시아 발레단의 단장이었던 디아길레프는 〈풀치넬라Pulcinella〉라는 새로운 발레 작품을 위해 스트라빈스키에게 18세기 작곡가인 페르골레시의 작품을 관현악으로 편곡할 것을 부탁했다. 스트라빈스키는 단순히 원래의 소스를 가져와서 관현악으로 편곡하기보다, 원곡의 특성을 그대로 유지하면서 자신만의 독특한 음악 어법을 적용하였다.

스트라빈스키는 이 경험을 '과거의 발견'이라고 불렀고, 이로 인해 신고전주의풍으로 여러 작품을 작곡하게 되었다. 신고전주의는 19세기 초반 작곡가가 낭만주의시대 이전 음악적 형식, 장르, 스타일의 특성을 모방하거나 재창조하여 곡을 쓰는 기법이다. 스트라빈스키는

오 맞아, 봄은 항상
모두가 가장 좋아하는
계절이지, 물론
누군가가 희생되기
전까지만 말이야.
이고르
스트라빈스키

낭만주의를 거부하면서 제1차 세계대전 이후 과거를 갈망했던 신고전주의 작곡가다. 스트라빈스키는 합창과 이중목관 5중주, 그의 유일한 오페라인 〈난봉꾼의 행각The Rake's Progress〉, 〈오이디푸스 왕Oedipus Rex〉을 비롯한 수많은 오라토리오, 그리고 그 유명한 〈시편 교향곡Symphony of Psalms〉 등을 신고전주의풍으로 작곡했다.

스트라빈스키의 신고전주의 작품들 가운데 걸작인 〈시편 교향곡〉은 보스턴 심포니 오케스트라의 창립 50주년을 기념하기 위해 연주되었다. 이 교향곡은 3악장으로 구성되어 있으며 합창과 오케스트라를 위해 작곡된 것이다. 스트라빈스키는 '숨 쉬는 오르간'의 소리를 만들고 싶었기 때문에 매우 특이한 편성을 구상했다. 4개의 플루트, 1개의 피콜로, 4개의 오보에, 1개의 잉글리시 호른, 3개의 바순, 1개의 콘트라바순, 4개의 호른, 5개의 트럼펫, 3개의 트롬본, 1개의 튜바, 팀파니, 베이스 드럼, 하프, 2개의 피아노, 첼로, 베이스 그리고 합창단바이올린, 비올라와 같은 고음역대의 현악기는 포함되지 않았다 등이었다.

바그너를 따른 스트라빈스키는 성악과 악기 모두 어느 것 하나 도

나는 러시아 사람이지만, 아주 잘 차려진 스뫼르고스보르드(스웨덴의 뷔페 음식)를 매우 좋아하지.

드라지는 것 없이 대등하기를 원했다. 3악장은 전부 음악적인 주제와 연관이 있으며 쉼 없이 끝까지 연주된다. 스트라빈스키는 교향곡을 일반적인 의미를 넘어 라틴어판 성경 중 시편 38편, 39편, 150편에 기반으로 한 악장으로 구성된 오케스트라 음악으로 지칭했다. 다시 말해, 노래하기 위해 작곡한 교향곡이 아니라, 음악적으로 만든 시편을 교향곡의 형태로 노래하고 있다, 라는 의미로 받아들이면 된다.

소재가 고갈됐을 때
나에겐 성경이 있지.
BIBLE

이 작품에는 종교적 성격이 강하게 드러났는데, 스트라빈스키는 각 악장을 성 바오로의 경건한 덕목인 사랑, 희망, 신앙에 헌정하였다. 스트라빈스키는 시편의 라틴어 버전을 선택하여 고대의 엄숙한 의식에 대한 느낌을 잘 표현하려고 했으며, 하나 혹은 두 개의 음으로 엄격하게 제안된 찬가 멜로디를 사용함으로써 더욱더 엄숙한 분위기를 전달하려고 했다. 그뿐만 아니라, 스트라빈스키는 쉼 없이 같은 음형이 반복되는 바로크 스타일도 사용했다. 1951년 쇤베르크가 사망한 후 스트라빈스키는 마침내 현대음악에서 커다란 비중을 차지하고 있는 무조와 12음기법을 받아들이게 된다.

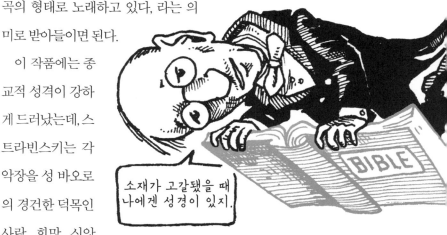

스트라빈스키는 쇤베르크가 죽은 뒤부터 음렬주의 음악을 작곡하기 시작했는데, 혹시나 쇤베르크가 확립해놓은 표준에 미치지 못할까 봐 우려하기도 했다고 한다. 가장 유명한 음렬주의 음악은 바로 스트라빈스키의 연가곡 〈딜런 토마스를 추모하며 In memoriam Dylan Thomas〉이다. 스트라빈스키의 천재성은 이전의 음악적 스타일이나 작법을 기발하게 인용하면서 그만의 독특한 양식으로 재창조하면서 드러났다. 그의 음악은 이후 모든 현대 작곡가들에게 하나의 표본이 되었으며, 그 영향력은 지금까지도 미칠 정도며 그 범위도 상당히 광범위하다.

CHAPTER 28

음악과 포스트모더니즘

제2차 세계대전 후 몇 년 동안 클래식 음악공연의 전통이 어느 때보다 상당히 강해졌다. 연주회의 참석, 정부지원, 음악학교 확장, 초등 및 중등학교의 음악교육 등 이 모두가 극적인 성장을 보였다. 이와 대조적으로, 클래식 음악의 전통을 이어가는 작곡가들은 공백상태인 것처럼 사회와 완전히 격리되어 있었다. 그들은 음악에 접근하는 방식, 스타일, 미의 기준에 있어서 아주 극소의 공통점만이 있다는 점을 깨닫게 되었다. 그들 가운데 일부는 청중들에게 어필하기 위해 과거의 전통과 유사하게 작곡하는 것에 집중한 반면, 또 다른 몇몇은 완전히 새로운 전통을 만들어 내려고 애썼다. 스트라빈스키와 같은 몇몇 작곡가는 새로운 작품을 작곡하거나, 지휘하거나, 다른 공연을 하는 것으로 생계를 유지할 수 있었다. 하지만 대다수의 작곡가들은 그러지 못했던 것도 현실이었다.

유럽에서는 귀족과 왕족에 의한 음악후원이 사실상 끝이 나면서 작곡가들은 다른 후원자를 찾아서 동분서주해야만 했다. 유럽 작곡가들에 대한 지원은 각 나라의 주, 라디오 방송국, 연간 보조금, 교육 기관을 통해 이루어졌으며, 미국에서 많은 작곡가들은 작품에 대한 지원을 대학과 음악원에서 교수직을 수락하면서 얻을 수 있었다. 특히 서부지역의 캘리포니아대학교와, 밀스대학교, 동부 지역의 예일대학교, 그리고 중서부 지역의 일리노이

난
연쇄 살인범이
아니지만
내 음렬음악은
완전 끝내주지!
밀턴 배빗

대학교, 인디애나대학교, 그리고 미시간대학교에 음악 장학금 센터가 설립되면서 지원의 폭이 넓어졌다.

세계대전 이후에 엄청난 양의 음악이 작곡되었지만, 이 챕터에서는 후기 현대 스타일에 기여한 작곡가들을 주로 다룰 것이다. 포스트모더니즘은 모더니즘이라는 용어에서 파생되었지만, 모더니즘에 반발하면서 미술, 건축, 문학을 중심으로 발발한 신문화운동이었다. 밀턴 배빗1916~2011과 피에르 불레즈1925~2016가 대표적인 포스트모더니즘 작곡가다. 특히 음렬주의에 한해서 더욱 그러하다.

배빗은 음뿐이 아닌 음악의 모든 요소에 음렬주의적인 요소를 적용한 '총렬주의Total Serialism'을 사용하였다. 총렬주의는 음뿐만 아니라 음 길이, 강도, 음량, 음색과 같은 다른 음악적 요소도 체계적이며 합리적인 구성을 갖추어야 하는 음악기법이다. 프랑스 작곡가 피에르 불레즈는 유럽 사람들 가운데 첫 번째로 총렬주의 음악을 작곡하였는데 그것이 바로 '구조Structures'다. 음 길이와 음이 음렬화되면서 셈여림과 아티큘레이션이 그 음악의 구조를 묘사하는 것이 특징이다. 이런 총렬주의 음악은 청자에게는 예측불가능하면서 무작위로 들릴 수 있지만 실제로 고도로 체계화되고 구조화된 음악이다.

음렬주의 음악의 또 다른 작곡가로 루치아노 베리오Luciano Berio, 1925~2003와 엘리엇 카터Elliott Carter, 1908~2012가 있었는데, 두 사람은 음렬보다 음렬이 없으면서 상당히 복잡한 스타일을 탐구했던 인물들이었다. 완전히 음렬형식으로 된 음악의 경우에는 연주하기가 극도로 어려웠고, 심지어 음량의 극심한 차이로 연주가 제대로 되고 있는지조차 판단하기 매우 어려웠다. 베리오와 카터는 비음렬적인 무조어법을 사용했기에, 그들의 음악은 고도의 음악적인 기교가 요구됐었던 만큼 매우 복잡한 작품이었다. 음악혁신에 대한 방법론적 접근에서 벗어나 세계 악기의 발견, 기존 서양악기의 계량, 새로운 악기의 발명은 새로운 소리를 만드는 데 그 초점이 맞춰졌다. 대표적인 작곡가로 미국 작곡가 존 케이지John Cage, 1212~1992가 있다. 케이지는 타악기 앙상블을 위한 곡과 빈 깡통과 전기 버저를 위한 곡처럼 전통적이면서 동시에 비전통적인 음악을 함께 작곡하였다.

존 케이지의 음악에서 소리탐구는 '프리페어드 피아노prepared piano' 에서 그 절정에 이르게 된다. 프리페어드 피아노는 나사, 동전, 나무, 플라스틱 또는 고무와 같은 다양한 물체를 피아노의 현 사이에 끼워넣어 결과적으로 독특한 음색을 들려주는 피아노다. 조지 크럼George Crumb, 1929~2022은 악기와 다른 물체를 이용하여 색다른 소리를 만들 수 있는 능력으로 정평이 나 있는 음악가다. 그는 작품에 전례 없는 악기인

장난감 피아노, 티베트 싱잉볼노래하는 그릇이라고 불리는 히말라야 지역의 명상하는 도구 , 하모니카, 음악용 톱을 사용하였다. 그리고 존 케이지처럼 현악기의 현대적인 연주법을 탐구하면서 피아노, 하프, 만돌린을 프리페어드 피아노에 활용한 '프리페어드 기법'을 창안해냈다. 다른 작곡가들은 조합된 소리, 녹음된 소리, 그리고 전자적으로 만든 다른 소리를 그들의 예술적 캔버스로 사용하기도 했다.

20세기 후반에는 음악을 공간적인 영역으로 고찰하기 시작하였는데, 많은 소리 덩어리들이 공간을 통해 움직여서 공간과 소리, 그리고 인간이 서로 상호작용할 수 있도록 만든 것이다. 악기를 통하여 음악에 공간적인 요소를 넣는 아이디어를 창안한 작곡가가 그리스 작곡가 이안니스 크세나키스Iannis Xenakis, 1922~2001 였다. 그는 인생의 대부분을 작곡가로서뿐만 아니라 엔지니어이자 건축가로 프랑스에서 보냈다. 엔지니어와 건축가로서 그의 삶은 음악과 공간의 융합에 대한 음악적 신념에 영향을 주기엔 충분했다. 수학이 음악의 기반이라는 피타고라스 철학에도 영향을 많이 받았기 때문에, 대부분 그의 작품은 매우 수학적인 성향을 띄고 있다.

폴란드 작곡가 크시슈토프 펜데레츠키Krzysztof Penderecki, 1933~2020 역시 이러한 유형의 음악을 작곡하였다. 그의 작품 가운데 〈히로시마의 희생자를 위한 애가Threnody to the Victims of Hiroshima 〉는 52개의 현악기를 위해 작곡된 것으로, 템포에 기반으로 한 박자가 아니라 각자의 부분을 독립적으로 연주할 수 있는 시간에 기반을 둔 곡이었다. 죄르지

리게티György Ligeti, 1923~2006는 스탠리 큐브릭의 공상과학영화 〈2001년 스페이스 오디세이〉를 통해 명성을 얻었다. 스탠리 큐브릭은 리게티의 작품을 영화음악으로 사용했는데, 그 음악은 변함 없이 일정하게 흐르고 역설적이면서도 정체된 분위기를 들려주었다.

음악사에서 포스트모더니즘은 중요한 특징을 하나 갖고 있었는데, 바로 작곡가 존 케이지에 의해서 확립된 것이다. 소리가 작곡가의 표현수단일 뿐만 아니라 소리 그 자체만으로도 음악적 가치를 가져야 한다는 전위적인 음악철학이었다.

음악적 아방가르드를 향한 존 케이지의 전략은 우연성, 불확정성, 음악과 예술 그리고 삶의 경계를 모호하게 만드는 것에서 시작되었다. '우연성'은 정확히 말 그대로 음악공연을 우연에 맡겨 버리는 것이었다. 다시 말해 작곡가가 일반적으로 내리는 결정을 연주자에게 맡겨 놓음으로써, 음악적 순간순간이 연주자의 감흥과 감정에 의해 좌지우지되는 것이다. 이런 음악적 불확정성은 작곡가가 단순히 음악의 특정 측면을 불특정으로 남

겨둠으로써 결국 우연성에 맡기는 것이라고 할 수 있다. 음악적 우연성을 극단적으로 보여주는 작품으로 케이지의 〈4'33" 4분 33초 〉가 있다. 이 작품에서, 연주자는 공연장에 입장한 후 어떠한 소리도 내지 않은 채 무대 위에 있다. 다시 말해 이 곡은 연주자의 연주가 아닌 공연장의 내부 혹은 외부에서 만들어지는 소음으로만 이루어진 곡이었던 셈이다.

이 챕터에 등장하는 많은 작곡가들 가운데 상당수가 모르는 인물들일 것이다. 세계전쟁 이후, 재즈나 록, 그리고 뮤지컬에 비해 클래식 음악은 사실상 비주류의 음악이 돼 버렸기 때문이다. 물론 이 작품들 가운데 상당수가 바흐나 베토벤, 스트라빈스키와 같이 고전 레퍼토리에 들어가지 않는다고 이야기할 수도 있으며, 사실 합리적이지 않을지도 모른다. 하지만 전위음악이란 분야를 개척한 존 케이지는 영화음악을 비롯해 후대의 많은 작곡가들에게 실로 적잖은 영향력을 미친 것 또한 사실이다.

CHAPTER 29

Y2K
그들이 생각한 것만큼 그리 나쁘진 않을 걸?

천년이라는 시간의 끝은 음악세계에도 큰 변화를 가지고 왔다. 음악 장르도 여러 관점에서 확장하게 되었고, 그 장르도 다양해졌다. 더 나아가 다양한 예술음악이 세계화가 된 것도 사실이다. 여기서 말하는 '예술음악'이란 바흐, 모차르트, 베토벤의 작품뿐만 아니라 재즈, 록, 뮤지컬 음악도 포함된다. 이런 음악들은 교육에서도 주된 역할을 했으며 학술연구 및 출판 분야에서도 사용되었다. 또한 세계화는 청자들의 취향을 폭넓게 만들었으며, 많은 사람들에게 동아시아 음악에 대한 의식과 관심이 높아지게 만들었다. 이 당시 우리가 클래식 음악이라고 부르는 것 가운데 인기 있었던 것은 바로 '미니멀리즘minimalism'이었다. 이 작곡기법은 음악적인 재료 음정이나 리듬 를 최소한으로 유지하면서 음악 자체가 투명하고 명백하면서도 아주 단순화되는 작업이었다.

미니멀리즘은 시각예술뿐만 아니라 가장 기본적인 재료들로 구성되어 있는 요리법에서도 볼 수 있다. 미니멀리즘을 음악예술계로 가져오는 데 상당히 공헌한 세 명의 미국 작곡가가 있다. 바로 스티브 라이히 Steve Reich, 1936 , 필립 글래스 Philip Glass, 1937 , 존 애덤스 John Adams, 1947 가 그들이다. 이들은 모두 자신의 분야에서 성공을 거두고 있는데, 라이히는 그만의 앙상블 음악으로, 필립 글래스는 영화음악에서, 존 애덤스는 클래식에서 성공을 거두고 있다. 20세기 말, 작곡가들은 자신

의 작품으로 공연을 하기 위해서 관객이 더 쉽게 접근할 수 있는 방법을 찾아야 한다는 것을 깨닫게 된다. 작곡가가 새로운 작품을 초연하는 것은 쉽지만, 이후 지속적으로 공연하는 것은 정말 어려웠기 때문이다.

그와 동시에 클래식 관객들이 줄어들면서 오랫동안 활동해왔던 오케스트라는 예산부족으로 서서히 문을 닫게 되었다. 미니멀리즘은 이러한 접근성 딜레마에 대한 해결책 가운데 하나였다. 한편 다른 이들은 '폴리스타일리즘polystylism, 직접 인용 또는 문체 암시를 통한 구식과 새로운 음악의 조합', '신낭만주의neo-Romanticism, 낭만주의의 음악어법을 그대로 사용', 그리고 음

악 외적인 이미지와 의미를 가진 무언가에서 이 딜레마를 해결할 답을 찾으려고 노력했다.

지난 75년 동안의 음악들이 음악사에서 영원히 자리매김하기에는 아직 이를 수가 있다. 이 시기에 엄청나게 눈에 띌 만한 인물들이 등장하지 않은 것도 맞다. 하지만 어쩌면 음악세계의 관점에서 본다면, 이런 인물이 탄생하지 않는 것이 더없이 좋을 수도 있다. 왜냐하면 기술의 진보는 새로운 음악들의 생산과 보급을 더욱 원활하게 만들기에, 더 이상 몇몇의 위대한 대가의 음악들만 들을 필요가 없어진 것도 사실이기 때문이다.

클래식 용어 아는 척하기

* **아카펠라** a cappella : 악기 반주가 없는 합창음악
* **절대음악** absolute music : 단어, 연극, 미술과 같은 다른 분야들과 직접적인 관련을 가지지 않고 순수한 예술성만을 목표로 작곡된 음악
* **아리아** aria : 일반적으로 솔로이스트를 위한 노래. 시기의 변화에 따라 용어의 뜻이 바뀌기도 함.
* **아르스 노바** Ars Nova : 14세기 프랑스 음악 전반의 새로운 양식을 지칭하는 용어.
* **무조** atonality : 조성의 중심이 결여돼 조성이 없는 것
* **발라타** Ballata : 원래는 춤의 반주가 되는 음악을 의미하던 것이었지만 14세기 이탈리아 세속적인 노래가 되었다.
* **통주저음** basso continuo : 바로크 시대에 성행했었던 것으로, 작곡가들이 선율과 저음부 반주부 를 작곡하면, 연주자들이 그 저음부에 어울리는 화성을 채워 넣는다.

* **바소 오스티나토** basso ostinato : 기초 저음 ground bass 이라고 하기도 하며 베이스 성부에 있는 멜로디와 화성의 패턴이 반복하는 것
* **벨 칸토** bel canto : 오페라의 모든 요소를 가지고 아름답고, 서정적이고, 우아한 멜로디를 부르는 것
* **2부분 형식** binary form : 2개의 부분으로 이루어져 있는 형식
* **카덴짜** cadenza : 연주자의 고도의 기교가 요구되는 화려하고 정교한 프레이즈
* **칸타타** cantata : 성악음악의 장르이며 시간이 지남에 따라 그 의미가 바뀌게 된다. 17세기 초기에는 악기 반주가 동반하는 세속 성악곡을 이야기하고 18세기에는 루터 교회음악의 형식을 이야기함
* **영창** cantillation : 성경구절의 낭창
* **정선율** cantus firmus : 성가와 같은 기존에 있는 선율이며 다성음악의 기초가 되는 선율
* **정선율 미사** cantus-firmus mass : 다성 미사로 선율이 한 성부에 순환하는 것
* **샤콘느** chacona : 17세기 활기 있는 무곡으로 라틴아메리카에서 스페인으로, 후에는 이탈리아까지 전해지게 됨
* **우연성** chance : 작곡법의 일종으로 작곡가들이 선택할 것을 연주자의 자유에 맡기는 것
* **샹송** chanson : 프랑스어의 세속 노래이며 14세기에서 16세기까지 유행한 프랑스의 다성음악
* **합창단** choral society : 19세기에 처음 등장하였으며 지역 아마추어의 합창단
* **코랄 전주곡** chorale prelude : 회중찬송 전 혹은 도중에 오르간으로 연주하는 짧은 코랄 선율
* **코랄** chorale : 유절형식이며, 루터 교회 전통의 회중찬송
* **클라비코드** clavichord : 건반 끝에 장착되어 있는 탄젠트라 불리는 놋쇠 조각이 현을 때려서 소리를 내는 건반악기
* **콘체르타토 미디움** concertato medium : 17세기에 성행했던 것으로 성악과 악기

가 각각 독립적으로 연주하는 것

* **협주 마드리갈** concerted madrigal : 17세기 초기 마드리갈의 종류로 하나 혹은 그 이상의 성부가 통주저음으로 반주하는 것
* **콘체르티노** concertino : 솔로이스트들로 구성된 소규모의 악기 앙상블
* **합주 협주곡** concerto grosso : 악곡의 형식으로, 소규모의 독주악기 앙상블을 큰 편성의 오케스트라와 나란히 두면서 대립하는 곡
* **협주곡** concerto : 시기에 따라 의미가 매우 다양하지만 보통 악기 앙상블을 위한 곡
* **지휘자** conductor : 오케스트라, 밴드 혹은 합창단을 지휘하는 인물
* **콘티누오 그룹** continuo group : 바로크 시대의 건반악기, 베이스, 그리고 류트와 같은 현을 치는 악기로 구성되어 있는 통주저음을 연주하는 그룹
* **콘트라팍툼** contrafactum : 기존의 노래 혹은 멜로디에 새로운 가사를 붙이는 것
* **궁정 발레** court ballet : 17세기 프랑스의 다악장으로 구성된 무대 예술작품이며 루이 14세의 상징적인 음악·무용 장르
* **전개부** development : 소나타 형식에서 2번째 부분에 해당하는 것으로, 제시부에 나왔던 주제를 가지고 다양한 음조로 전조를 하는 등 변화를 주면서 발전이 되는 부분을 말한다.
* **정동설** doctrine of affections : 슬픔, 기쁨, 분노, 사랑, 경이로움, 그리고 흥분과 같은 정서들이 인간 내면에 있는 영혼에서 야기된다는 것
* **감정과다 양식** empfindsamer stil : 고전시대에서 유래된 개념으로 급격한 화성변화, 불안정한 리듬진행, 자유롭게 말하는 것과 같은 멜로디가 특징이다.
* **에피소드** episode : 주요 주제의 패시지 사이에 삽입되는 부수적인 멜로디
* **평균율** equal temperament : 오늘날 서양음악에서 사용되는 조율법으로 한 옥타브를 12개의 동등한 반음으로 나누는 조율법
* **에튀드** étude : 피아노의 교육 혹은 연습 목적으로 작곡된 곡
* **실험음악** experimental music : 20세기에 성행했었던 음악으로, 새로운 소리와 기

술 그리고 재원을 탐구하는 것

* **제시부** exposition : 소나타 형식의 첫 번째 부분이며, 2개의 다른 주제가 소개되는 도입부이다.
* **환상곡** fantasia : 즉흥적 성격을 띤 기악곡으로 형식면에서 자유롭다.
* **제1빈악파** First Viennese School : 18세기의 작곡가인 볼프강 아마데우스 모차르트, 요제프 하이든, 루드비히 판 베토벤을 묶어서 지칭하는 말이다.
* **정형시 형식** formes fixes : 14세기의 노래 형식으로 가사와 음악의 일정한 패턴을 일정한 형태로 고정시키는 형식
* **프랑스 서곡** French overture : 오페라 또는 발레를 시작하는 데 사용되는 기악 음악이며 두 개의 특이하고 반복적인 섹션이 있다.
* **프로톨라** frottola : 16세기의 이탈리아 유절 가곡이며 음절마다 가사가 붙어 있으며 멜로디는 가장 높은 성부에 있다.
* **푸가** fugue : 작곡 형식으로, 아주 엄격한 모방 양식을 사용하며 바로크 시대에 기반을 단단히 다진 형식이다.
* **갈란트 양식** galant : 프랑스어가 원어이며, 문학작품의 기품 있는 매너를 가리키는 뜻으로 시작하여, 전반적으로 세련되고 모던한 양식을 가리키는 말로 쓰이게 된다.
* **히스토리아** historia : 성경적 이야기를 기반으로 한 음악 작품
* **인문주의** humanism : 고대 그리스의 사상과 철학의 부활, 고전 라틴과 그리스 문학에 대한 관심의 회귀 등을 말함
* **고정악상** idée fixe : 헥터 베를리오즈가 창안하였으며 사람의 물건 혹은 생각을 나타내는 주제 음악이며, 상황과 분위기에 맞게 변하기도 한다.
* **모방 미사** imitation mass : 모테트 또는 샹송 같은 기존의 다성음악의 모든 성부를 빌려와 쓴 다성음악 미사
* **불확실성** indeterminacy : 작곡가가 음악의 특정 부분을 불확실성으로 남겨 두는 작곡 스타일.

* **태블러서**intabulation : 건반 악기 연주자와 루트 연주자들을 위한 성악 편곡으로 출판된 원고.
* **순정조**just intonation : 르네상스 시대의 조율하는 시스템으로 대부분 3분의 1, 6분의 1, 4분의 1, 5분의 1이 완벽하게 조화를 이룸
* **라이트모티프**leitmotive : 오페라 또는 악극의 독일 용어로, 사람, 상황, 사물, 기분 또는 사상과 관련되어 동기, 주제 또는 음악적 사상이 본래 또는 변형된 형태로 반복되는 형태
* **리트**lied : 독일어로 '노래' 이며, 낭만주의 시대에 발생한 독일 예술 가곡
* **예배**liturgy : 성경 혹은 성전을 기반으로 하여 종교 의식을 거행하는 것
* **마드리갈**Madrigal : 세속적인 다성음악의 한 형태로 용어의 의미는 시간에 따라 변함.
* **마스크**masque : 프랑스의 궁정 발레와 매우 비슷한 영국의 궁정 무대예술
* **미사 통상문**Mass Ordinary : 일반적으로 미사에서 쓰이는 통상문
* **미사 고유문**Mass Proper : 교회의 달력에 따라 즉 절기에 따라 내용이 바뀌는 예배문
* **멜리스마 성가**melismatic chants : 하나의 음절에 긴 멜로디 구절을 특징으로 하는 찬송가.
* **음감 표시**mensuration signs : 14세기 기호로, 음악의 시작부분에 음악의 리듬과 미터법 개요를 나타낸 것. 오늘날의 현대 박자 기호의 전신
* **운문 시편**metrical psalm : 칼뱅 교회가 사용한 운율적, 계량된, 유절의 시편으로 모국어로 번역해 새로운 멜로디 또는 기존의 성가곡으로 불림.
* **미니멀리즘**minimalism : 리듬과 음의 높이와 같은 모든 음악적 소재를 음악 자체가 명료하고 분명하도록 하기 위해 절대 최소화하고 단순화시키는 작곡 기술
* **선법**modal music : 특정 음정 관계를 가진 일련의 음표를 기반으로 한 음악으로, 중세와 르네상스 시대에 흔했다.

* **현대주의**modernism : 20세기 음악운동으로 작곡가들이 그들의 전임자들의 음악적 언어에 급진적 변화를 추구하면서 동시에 전통에 강력한 유대관계를 유지하였다.
* **변형 유절 형식**modified strophic form : 시의 일부 절에 기본적으로 같은 절을 유지하면서 각 절이 조금씩의 변화를 꾀하는 성악 형식
* **모테트**motet : 시간이 지남에 따라 특정 의미가 변하는 다성 성악곡.
* **모토 미사**motto mass : 단선율 멜로디를 하나의 성부 혹은 모든 성부를 사용한 다성 미사
* **음악극**music drama : 리하르트 바그너가 개발한 19세기 장르로 음악과 극적인 요소가 통합되어 유기적으로 연관되어 있는 종합예술작품
* **우주의 음악**Musica Universalis : '천상의 음악'으로도 알려져 있으며, 행성, 태양 및 달이 소리를 내면서 궤도를 따라 움직이는데, 이 움직임이 지구에 있는 모든 생명체에 영향을 미친다는 이론
* **신고전주의**neoclassicism : 20세기 전반의 음악적 추세로 작곡가들이 고전주의 양식을 되살리고 낭만시대 이전 음악 이전 형식, 스타일, 장르 등을 모방하는 것
* **신낭만주의**neo-Romanticism : 19세기 낭판주의의 음악적 언어와 표현을 차용한 20세기 작곡 양식
* **네우마 성가**Neumatic Chant : 각 음절이 1~6개의 음들로 설정된 성가
* **네우마**Neumes : 초기 성가 표기법의 작은 기호로 음절 당 음높이의 수와 멜로디의 상승 또는 하강을 나타낸다.
* **신독일악파**New German School : 19세기 작곡가 리하르트 바그너, 헥터 베를리오즈 및 프란츠 리스트를 총칭.
* **야상곡**nocturne : 쇼팽이 대중화한 솔로 피아노곡의 양식이며 풍부한 화성 위에 아름다운 멜로디가 놓여 있다는 게 특징이다.
* **오라토리오**oratorio : 서사, 대화 및 해설의 요소를 모두 가지고 있는 종교 극음

악 장르.

* **오케스트라**orchestra : 악기 앙상블로 현악기와 각 부분에 여러 명의 연주자로 구성된 모임
* **오케스트라 협주곡**orchestra concerto : 첫 번째 바이올린 파트와 베이스의 대조에 초점을 맞춘 바로크 양식의 기악곡.
* **오르가눔**organum : 중세 다성음악의 한 형태로 하나의 성부 혹은 다성 성부가 기존 성가에 추가됨
* **패러프레이즈 미사**paraphrase mass : 기존의 정선율 멜로디를 차용하여 그대로 모방하는 것이 아닌 변형시킨 형태의 미사
* **파트북**partbook : 단성의 성악이나 악기의 악보가 들어 있는 책으로 연주를 하기 위해선 반드시 있어야 하는 악보.
* **파트송**partsong : 19세기의 합창 음악으로 리트와 비슷함
* **수난곡**passion : 십자가에 못 박히신 예수님의 수난을 기리는 곡
* **다성음악**polyphony : 두 개 이상의 성부가 독립적으로 부르는 형식
* **폴리스타일리즘**polystylism : 20세기 용어로 직접 인용 또는 문체 암시를 통한 구식과 새로운 음악의 조합
* **프리페어드 피아노**prepared piano : 존 케이지가 고안한 건반악기로 다양한 물체를 피아노 현 사이에서 끼워넣음으로써 새롭고 복잡한 타악기 소리를 낸다.
* **제1작법**prima prattica : 17세기 용어로 1작법을 의미하며 16세기 다성음악 스타일을 의미하기도 한다.
* **원시주의**primitivism : 스트라빈스키 초기 음악을 규정하는 20세기 음악 스타일로, 지속적인 불협화음, 상당히 타악기적이며 쿵쾅거리는 리듬이 특징이다.
* **표제음악**programmatic music : 주로 표제로서 분위기, 성격 또는 장면을 나타내는 작품
* **피타고라스 음률**pythagorean tuning : 중세시대의 조율법으로 오직 완전 4도와 완전 5도만이 완벽하게 조율이 되는 조율 시스템

* **재현부**recapitulation : 소나타 형식의 3번째이자 마지막 부분에 해당하며 제시부에 나왔던 주제가 다시 재등장하며 곡의 마무리가 되는 부분이다.
* **레치타티보**recitative : 음악적이고, 자유로우며, 가사를 말하는 듯이 노래를 부르는 것
* **레퀴엠**requiem : 로마 가톨릭 교회의 장례 의식, 혹은 죽은 자를 기리는 장송곡을 말함
* **리체르카레**ricercare : 하나 혹은 그 이상의 주제를 모방하는 기악곡
* **리토르넬로 형식**ritornello form : 바로크 시대에 많이 성행하였던 형식으로, 특히 협주곡에서 많이 쓰였다. 오케스트라가 후렴구를 연주하고 그후 솔리스트가 에피소드를 연주하는 등 주고받는 형식을 이야기한다.
* **리토르넬로**ritornello : 이탈리아어로 '회귀' 라는 뜻을 가지고 있으며 곡 전반에 걸쳐서 반복적으로 나오는 총주부를 이야기한다. 리토르넬로는 시대에 따라 의미가 바뀌게 된다.
* **교회 협주곡**sacred concerto : 17세기에 성행하였으며 통주저음과 함께 종교적인 내용이 담겨 있는 가사에 극적인 요소를 넣어 콘체르타토 미디움, 오페라 스타일을 하나로 통합한 형태의 음악을 말한다.
* **제2작법**seconda prattica : 17세기에 많이 사용되었던 용어로 이전의 확립된 전통을 버리고 불협화음을 더 사용하고 가사에 내포되어 있는 의미와 감정을 탐구하고 강조하는 데 초점을 맞췄다.
* **음렬주의**serial music : 12개의 음을 가지고 행렬을 만들어서 음 사용의 중복 없이 12개의 음이 고루 나올 수 있도록 모든 조합의 가능성을 가지고 곡을 쓰는 방식
* **독주 협주곡**solo concerto : 솔로이스트와 오케스트라가 나란히 연주하는 곡을 이야기한다.
* **소나타 형식**sonata form : 고전과 낭만시대에 성행하였고 총 3개의 부분으로 나뉘어 있으며 소나타, 실내악 그리고 교향곡의 1악장에 많이 인용되었던 형식

* **소나타** : 하나 혹은 그 이상의 악기를 위한 기악곡을 이야기하며 보통 다악장 형식으로 되어 있다. 시대에 따라 의미가 바뀌게 된다.
* **슈프레히슈티메** Sprechstimme : 20세기의 작곡 기법으로 성악가가 악보에 쓰인 음의 박자를 정확하게 지키면서 말하듯이 부르는 기법
* **구양식** stile antico : 1600년 이후에 쓰인 음악에 많이 사용되었던 양식이며 팔레스트리나의 옛 양식을 많이 모방하였고 특히 교회음악에 많이 쓰였다.
* **격양 양식** stile concitato : 17~18세기의 격정적인 양식을 지칭하는 용어
* **신양식** stile moderno : 17세기 작품 중 통주저음과 제2작법이 사용된 작품들을 지칭하는 용어
* **현악 4중주** string quartet : 표준 실내악 편성으로 2개의 바이올린, 1개의 비올라, 1개의 첼로로 구성되어 있으며 다악장 형식의 작품이 많다.
* **모음곡** suite : 바로크 시대부터 사용되었으며 여러가지 춤곡을 하나의 곡으로 묶은 것을 말함
* **음절 성가** syllabic chant : 각 음절마다 하나의 음 혹은 네우마에 맞게 짜인 성가
* **교향시** symphonic poem : 19세기의 그림, 연극, 시 또는 다른 예술 형식의 표제가 붙은 단일 악장의 곡
* **교향곡** symphony : 다악장의 오케스트라곡이며 모든 앙상블의 멤버들이 솔로이스트와 오케스트라 구분 없이 다함께 연주하는 곡
* **가사그리기** text depiction : 가사가 가지고 있는 고유의 이미지를 음악으로 묘사하는 기법
* **가사표현** text expression : 가사의 정서, 감정표현을 음악을 통하여 표현하는 기법
* **토카타** toccata : 즉흥연주의 성향이 강한 건반악기 음악
* **조성 음악** tonal music : 17세기의 음악 체계를 기반으로 하며 음과 화성을 중심으로 하는 음악

* **총렬주의**total serialism : 음뿐만 아니라 모든 음악 요소에 음렬주의적인 요소를 적용한 양식
* **변주**variation : 주어진 멜로디와 주제, 노래 등을 인용하여서 변화를 주는 기법. 여기에는 작곡적인 것과 즉흥적인 것이 있다.
* **비얀시코**Villancico : 짧은 스페인의 유절 가곡이며, 투박한 시골이나 대중적인 주제의 노래

지적 대화를 위한
교양인의 클래식

초판 1쇄 인쇄 2024년 12월 20일
초판 1쇄 발행 2024년 12월 25일

글쓴이 라이언 엔드리스
그린이 조 리
옮긴이 신현섭

펴낸이 박세현
펴낸곳 팬덤북스

기획 편집 곽병완
디자인 김민주
마케팅 전창열
SNS 홍보 신현아

주소 (우)14557 경기도 부천시 조마루로 385번길 92 부천테크노밸리유1센터 1110호

전화 070-8821-4312 | **팩스** 02-6008-4318
이메일 fandombooks@naver.com
블로그 http://blog.naver.com/fandombooks

출판등록 2009년 7월 9일(제386-251002009000081호)

ISBN 979-11-6169-333-0 03670

* 이 책은 저작권법에 따라 보호받는 저작물이므로 무단전재와 무단복제를 금지하며,
이 책 내용의 전부 또는 일부를 이용하려면 반드시 출판사 동의를 받아야 합니다.

* 책값은 뒤표지에 있습니다.

* 잘못된 책은 구입처에서 바꿔드립니다.

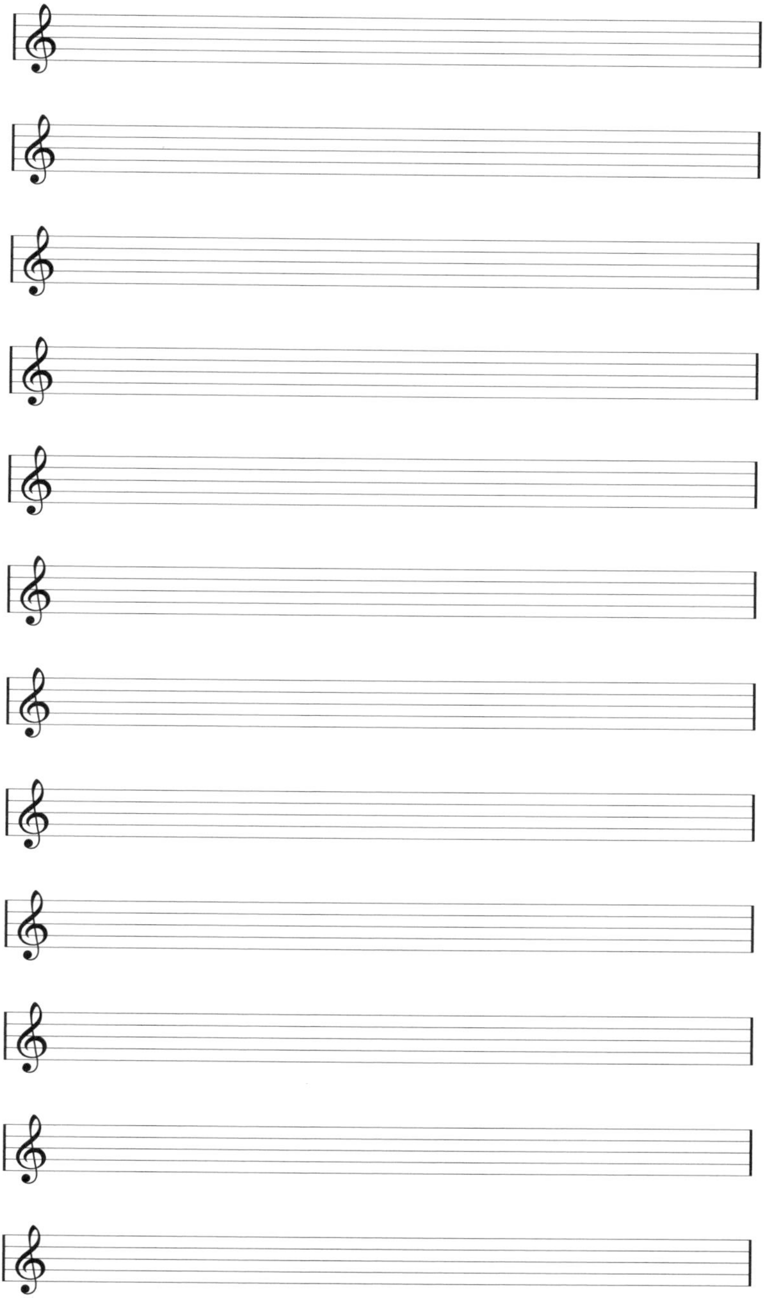